U0566774

企业
廉洁合规建设研究

RESEARCH ON CORPORATE INTEGRITY AND COMPLIANCE

过勇 刘懿

著

社会科学文献出版社
SOCIAL SCIENCES ACADEMIC PRESS (CHINA)

摘　要

习近平总书记强调，要"通过高质量共建'一带一路'，携手推动构建人类命运共同体"。党的二十大报告指出，要"推进高水平对外开放……稳步扩大规则、规制、管理、标准等制度型开放……推动共建'一带一路'高质量发展"。我国企业作为"一带一路"建设中的重要载体，"走出去"的步伐正在不断加快。党的二十届三中全会提出，要加强企业合规建设和廉洁风险防控。

我国企业在"走出去"的过程中面临着各种经营挑战与监管困境，在深入推进全面从严治党、加强对境外资产监管的背景下，必须进一步强化自我监督意识。因此，为我国企业加快廉洁合规建设提供可遵循、可操作的建设指南具有重要的理论价值与现实意义。本书通过构建一套"立足中国、国际通用、客观科学"的企业廉洁合规评价体系，并对部分跨国企业进行了实证评价，为企业有效开展廉洁合规建设提供重要的参考依据。

国内外围绕企业廉洁合规评价研究已经有不少积极的探索与尝试。国内外学者从法学、工商管理、金融学等不同学科视角切入开展了探讨，但是针对企业廉洁合规的内涵外延的界定，对企业廉洁合规状况进行具有针对性评价的研究成果仍然较为缺乏。近年来，我国有关部门围绕企业廉洁合规建设出台了一系列指引、规范与管理办法。在国际社会层面，许多政府间国际组织、非政府组织、第三方机构（如世界银行、国际标准化组织等）都围绕该主题开展了相关工作，但现有指标体系仍然存在诸多不足。

本书尝试在腐败治理的微观层面，从企业的视角切入，深入分析企业在廉洁合规建设方面面临的挑战与问题，从而构建一套普遍适用于中国和外国企业状况的企业廉洁合规评估体系。本评估体系在充分梳理已有指标体系评价内容与方法的优缺点基础上，结合最新的廉洁合规建设政策指引及理论成果，构建了包含透明治理、廉洁反腐、合规建设一级指标的评价体系，为我国企业加强廉洁合规建设提供了有力支撑，也为我国构建中国特色社会主义现代企业制度体系研究做出了理论贡献。

关键词： 企业　廉洁合规　公司治理　风险控制

目　录

表目录

图目录

| 1 |

研究背景和目的

随着全球化进程中多维挑战的不断出现，中国企业在"走出去"的过程中遇到合规与反腐败调查的情况逐渐增多。加强我国企业的应对机制构建，提升我国企业在廉洁合规管理层面的治理能力与治理水平，已经成为构建中国特色社会主义现代企业制度的重要举措。

1.1 研究背景

习近平总书记强调，要"通过高质量共建'一带一路'，携手推动构建人类命运共同体"。习近平总书记在第三次"一带一路"建设座谈会上强调，要完整、准确、全面贯彻新发展理念，以高标准、可持续、惠民生为目标，巩固互联互通合作基础，拓展国际合作新空间，扎牢风险防控网络，努力实现更高合作水平、更高投入效益、更高供给质量、更高发展韧性，推动共建"一带一路"高质量发展不断取得新成效。① 党的二十大报告两次提到"一带一路"：

---

① 《习近平向"一带一路"国际合作高级别视频会议发表书面致辞》，载《人民日报》2020年6月19日。

一是对过去近十年的"一带一路"建设给予了充分肯定，指出"共建'一带一路'成为深受欢迎的国际公共产品和国际合作平台"；二是在部署我国迈上全面建设社会主义现代化国家新征程、向第二个百年奋斗目标进军过程中的重要工作时，提出要"推动共建'一带一路'高质量发展"。

依托"一带一路"倡议有助于推进我国全面深入的对外开放。党的二十大报告强调指出，中国坚持对外开放的基本国策，坚定奉行互利共赢的开放战略，并提出要"实行更加积极主动的开放战略"和"推进高水平的对外开放"，包括"稳步扩大规则、规制、管理、标准等制度型开放"。依托"一带一路"倡议，有利于促进我国加快构建新发展格局。加快构建新发展格局，指的是构建以国内大循环为主体、国内国际双循环相互促进的发展新格局。构建新发展格局，并不只是孤立地做大做强国内市场，而是要像党的二十大报告所提出的那样，"依托我国超大规模市场优势，以国内大循环吸引全球资源要素，增强国内国际两个市场两种资源联动效应"，充分重视"提升国际循环质量和水平"。然而，随着"一带一路"建设的推进，我国企业在"走出去"的过程中也面临机遇与挑战并存的局面。

1.1.1　全面从严治党是我国国有企业健康发展的必然要求

国有企业是党执政兴国的重要经济支柱。抓好党风廉政建设，推进全面从严治党，为国有资产保值增值保驾护航，是国有企业健康发展的必然要求。党的二十大报告强调，必须持之以恒推进全面从严治党，深入推进新时代党的建设新的伟大工程，以党的自我革命引领社会革命。新时代新征程上，全面建设社会主义现代化国家这一事业伟大而艰巨。面对高质量发展这一首要任务，国有企业作为推进中国式现代化的重要力量、中国特色社会主义的重要物质基础，必须一刻不停地深入推进全面从严治党，自觉扛牢全面从严治党政治责任，为打造适应中国式现代化要求的新国企提供坚强保障。

习近平总书记多次就加大国有企业反腐败力度做出重要指示。习近平总书记在二十届中央纪委三次全会上强调，深化整治金融、国企、能源、医药和基建工程等权力集中、资金密集、资源富集领域的腐败，清理风险隐患。① 从十九届、二十届中央纪委历次全会关于企业反腐败的论述（见表1-1）中可以看到，中央对于企业尤其是国有企业的反腐败工作的重视程度与监督力度在不断加强、加大。国有企业的廉洁合规管理应始终坚持以习近平新时代中国特色社会主义思想为统领，一以贯之、坚定不移推进全面从严治党，将党规党纪与国家法律、国际规则有机融合，一体推进不敢腐、不能腐、不想腐，打造企业治理体系和治理能力现代化。

表1-1　十九届、二十届中央纪委历次全会关于国有企业反腐败的论述

时　间	相关论述
十九届中央纪委二次全会	着力解决选人用人、审批监管、资源开发、金融信贷等重点领域和关键环节的腐败问题
十九届中央纪委三次全会	加大金融领域反腐力度,推动构建亲清新型政商关系
十九届中央纪委四次全会	深化金融领域反腐败工作,加大国有企业反腐力度
十九届中央纪委五次全会	深化金融领域反腐败工作,持续惩治国有企业腐败问题
十九届中央纪委六次全会	持续推进金融领域腐败治理,深化国企反腐败工作
二十届中央纪委二次全会	突出重点领域,深化整治金融、国有企业、政法、粮食购销等权力集中、资金密集、资源富集领域的腐败
二十届中央纪委三次全会	持续深入推进反腐败斗争,严肃查处金融、国企、高校、体育、烟草、医药、粮食购销、统计等领域腐败问题

1.1.2　廉洁成为"一带一路"倡议核心理念之一

自从2013年习近平总书记提出"一带一路"倡议以来，我国与

———

① 《深入推进党的自我革命　坚决打赢反腐败斗争攻坚战持久战》，《人民日报》2024年1月9日，第1版。

共建国家在经济、政治、社会、文化等领域的交流不断深入，其中在政策沟通、设施联通、贸易畅通、资金融通、民心相通方面成就最为显著，已与100多个国家和国际组织开展了广泛而深入的合作。2017年5月，习近平总书记在第一届"一带一路"国际合作高峰论坛开幕式上庄严承诺，要加强国际反腐合作，让"一带一路"成为廉洁之路。① 2019年4月，在第二届"一带一路"国际合作高峰论坛开幕式上，习近平总书记进一步指出，要"坚持一切合作都在阳光下运作，共同以零容忍态度打击腐败"。② 第二届高峰论坛专门召开廉洁丝绸之路分论坛，深化推动"廉洁丝绸之路"建设，形成《廉洁丝绸之路北京倡议》（以下简称《北京倡议》）。2021年11月，习近平总书记出席第三次"一带一路"建设座谈会时强调，要全面强化风险防控。要落实风险防控制度，压紧压实企业主体责任和主管部门管理责任。要加快形成系统完备的反腐败涉外法律法规体系，加大跨境腐败治理力度。③ 2023年10月18日，习近平总书记在第三届"一带一路"国际合作高峰论坛开幕式上宣布将会同合作伙伴发布《"一带一路"廉洁建设成效与展望》，推出《"一带一路"廉洁建设高级原则》，建立"一带一路"企业廉洁合规评价体系，同国际组织合作开展"一带一路"廉洁研究和培训。④

作为我国对外经济合作的重要市场主体，企业在推动"一带一路"倡议从"大写意"转向"工笔画"过程中应当发挥积极作用，通过参与互联互通建设、提升国际合作水平、增进相互理解与信任，

---

① 《"一带一路"国际合作高峰论坛重要文辑》，人民出版社，2017，第10页。
② 《齐心开创共建"一带一路"美好未来——在第二届"一带一路"国际合作高峰论坛开幕式上的主旨演讲》，《人民日报》2019年4月27日。
③ 《以高标准可持续惠民生为目标 继续推动共建"一带一路"高质量发展》，《人民日报》2021年11月20日，第1版。
④ 《建设开放包容、互联互通、共同发展的世界——在第三届"一带一路"国际合作高峰论坛开幕式上的讲话》，《光明日报》2023年10月19日，第2版。

推动共建"一带一路"走深走实、造福人民。具体来看,企业是"一带一路"的市场主体,企业的廉洁合规可以优化"一带一路"的整体营商环境;企业是"一带一路"的桥梁纽带,企业的廉洁合规可以促进"一带一路"的经济合作发展;企业也是"一带一路"的形象大使,企业的廉洁合规可以凝聚"一带一路"各方廉洁共识,树立良好形象。为此,《北京倡议》特别呼吁加强企业自律意识、法律意识和责任意识,构建企业合规管理体系,防控廉洁风险,培育廉洁文化,制定廉洁准则,坚决抵制商业贿赂行为,积极打造和共同维护"亲清"新型政商关系。

1.1.3 企业跨国经营风险与挑战并存

随着中国经济的快速发展,中国企业"走出去"的步伐加快。与此同时,国际上贸易保护主义、单边主义加剧,中国企业面临着越来越多的法律法规问题,从而影响了其在国外的发展。随着我国企业的国际化进程不断深化,"走出去"的企业必须积极适应其他国家的法规,同时也要面临安全审查、商业贿赂、投资损失、外汇交易、单方违约等各种风险挑战。各国法律法规不断完善,法律法规的管理也从单一国家推进到了全球范围内的统一管理,从专门的规范管理过渡到了完全系统的全面化规范管理。近年来,西方国家单边主义、贸易保护主义、经济霸权主义不断抬头,通过严格的管制制度、"长臂管辖"等措施,维护其国内企业利益,对以 WTO 规则为核心的多边贸易体系产生了巨大的冲击和破坏。同时,我国企业所面对的海外法律风险具有一定的政治化特征,在一定程度上加大了法律风险的不确定性和不可控性,对企业海外合规管理提出了更高要求,因此,建立健全有效管用的合规管理体系已成为中国企业扬帆海外、行稳致远的前提和保障。

"一带一路"项目所处的环境是多种多样的,共建国家的投资环境与发达国家不同，不同共建国家的经济发展水平、政治制度、法律法规等也存在很大的差异。要加强对共建国家的风险研判，对比东道国的投资环境与政治、经济、市场风险和技术适用性、文化差异等，特别是对流程长、节点多、风险大的项目，要建立有效的风险识别机制和应对措施体系。

由此可见，共建"廉洁丝绸之路"必须实现企业的廉洁合规发展。从国内实践来看，我国对企业廉洁合规建设高度重视，国家有关部委相继出台了一系列法律、政策，目的就是提升企业的廉洁合规意识、促进企业廉洁合规建设、提升企业竞争力。就实践效果而言，制定一套具有指导意义的评价体系对于促进企业廉洁合规建设具有重要意义。由于国际上针对我国的企业廉洁合规评价区别对待，因此，构建一套由中国发起的企业廉洁合规评价体系尤为必要。

1.2　研究目的

本书通过定性和定量研究相结合的方法构建一个廉洁合规评价体系。该评价体系的设计旨在从微观、中观和宏观三个层面提升中国在企业廉洁合规治理、行业规则制定乃至国际反腐败领域的话语权，从而为企业、行业和国家层面带来积极的影响。

在微观层面，该评价体系将有助于企业内部的廉洁合规建设。通过量化和定性分析，企业可以评估自身的合规状况，并有针对性地改进合规措施。这将有助于企业识别潜在的风险点，避免腐败问题的发生，从而提升企业的整体治理水平。

在中观层面，该评价体系的推广有望对整个行业产生积极影响。行业内的企业可以通过比较分析，了解自身在合规方面的优势和不足，进而推动行业内的合规标准制定。这将有助于建立更加健康的竞争环境，减少腐败行为的发生，提高行业整体的声誉和可持续发展能力。

在宏观层面，该评价体系的应用将为国家层面的反腐败工作提供有力支持。通过评估企业合规情况，政府和监管机构可以更好地了解不同行业、不同地区的腐败风险，并有针对性地采取措施。同时，这也有助于提升中国在国际反腐败领域的话语权，展示中国在企业合规治理方面的成果和经验，为国际合作提供重要保障。

1.2.1 评价体系的构建有助于提升企业廉洁风险防控的能力

从企业自身而言，企业廉洁合规的本质在于"全面风控"，现有的廉洁风险防控机制在企业腐败治理方面属于被动状态下的风险管控，在化解风险的主观能动性上仍需要强化。而作为专门从企业廉洁合规角度构建的评价体系将突出廉洁作为合规管理核心要点的作用。评价体系通过全面的信息采集和分析技术，对不同部门数据进行对比分析，充分挖掘廉洁合规信息数据价值，使廉洁合规指数能够对企业管理运行起到监测预测和风险预警的作用。本评价体系深入研究企业廉洁合规问题发生及发展的基本规律，旨在帮助企业有针对性地改进廉洁合规，从而帮助企业防范经营管理过程中可能出现的腐败风险。

1.2.2 评价体系的构建有助于提升我国企业国际竞争力

从行业层面而言，一套具有指导意义的评价体系将有利于提升行业对廉洁合规的认识，促进整个行业在廉洁合规方面的投入，从而提升企业整体的国际竞争力。基于以评促建的宗旨，本评价体系将为中国企业提供行动指南，提升中国企业廉洁合规层面的国际竞争力。廉洁合规的评价体系在内容设置上包含企业日常经营管理的方方面面，通过系统地梳理和总结企业经营过程中可能存在的问题，并结合指数评比的呈现方式，有针对性地为企业的经营管理改革提供行动指南。总之，只有规范自身在廉洁合规经营方面的建设工作，才能真正提升中国企业的国际竞争力，更好地在"一带一路"等国际合作发展平台上彰显中国实力。

1.2.3　评价体系的构建有助于提升我国国际反腐败话语权

当前，我国企业面临前所未有的合规制度挑战。不论是传统的技术型企业还是新型的互联网公司，企业廉洁合规规则制定以及共识形成方面仍有待加强和完善。当前既有的腐败测量与评价研究体系仍以西方为主导。由于中西方评价体系的理念差异，部分国际组织的腐败测量与评价体系长期以来对我国反腐败工作的评价与事实相去甚远，因此，构建一套由中国发起的企业廉洁合规评价体系，不仅能够帮助企业规避廉洁风险、提升竞争力，更重要的是有助于讲好中国故事，让世界更好地了解中国企业的实际运营状况，提升我国在该领域内的国际话语权。

1.3　研究问题

企业合规机制在经过几十年的演进后，已成为国际范围内备受重视的成熟管理范式。其起源可追溯至 1991 年美国联邦量刑委员会对《联邦量刑指南》的修订，这标志着企业合规正式被纳入政府管辖。随着企业合规理念在全球范围的传播，国际标准化组织于 2014 年制定了《合规管理体系指南》（ISO 19600），为构建企业合规管理体系提供了指引，成为业界引领和倡导合规实践的范本。

在中国，对企业合规的研究蓬勃兴起。我国国家标准化管理委员会于 2017 年发布了《合规管理体系指南》（GB/T 35770-2017），为我国构建企业合规管理体系提供了蓝图，从而助推我国企业合规体系的发展与完善，进一步促使从国家层面对企业合规进行审视与引导。2018 年 11 月，国资委发布了《中央企业合规管理指引（试行）》，明确了中央企业在合规管理中的职责分工，明确了从董事会到监事会、经理层各层级主体的合规管理职能，为合规治理的实施提供了清晰框架。此外，国家发展改革委等七部委相继发布了《企业境外经营合规管理指引》等重要文件，为企业跨国经营中的合规管理提供了规范引导。

值得关注的是，自 2020 年 3 月起，最高人民检察院启动了在江苏省张家港市、深圳市宝安区等地的涉案企业合规改革试点，标志着我国对企业合规的关注已逐步延伸到司法领域。2021 年，最高检在总结第一批试点经验的基础上，扩展试点范围至北京、上海、江苏、浙江等十个省市，旨在通过实践经验的积累，为企业合规的推广与实施提供更加丰富的经验借鉴。其中，2021 年 6 月发布的《关于建立涉案企业合规第三方监督评估机制的指导意见（试行）》为企业合规建设提供了创新性的监督方式。

另外，2022 年企业合规建设迈出的新步伐备受瞩目。国资委于 2022 年 8 月 23 日正式公布《中央企业合规管理办法》，于 2022 年 10 月 1 日起施行，这为中央企业的合规建设提供了更为具体的法律规范，对于进一步推进中央企业的合规管理、强化道德风险防范和治理机制，具有积极的意义和效果。

综上所述，企业合规作为全球性的重要议题，不仅在国际范围内建立了一系列标准和指南，也在中国得到了日益广泛的认可和实践。这一过程的不断推进，不仅在法律层面为企业提供了明晰的指引，也在社会层面构筑了良好的经营环境，强化了道德风险预防与治理，增强了企业的社会责任意识和可持续发展能力。总之，企业合规建设尤其是企业廉洁合规建设已在整个社会层面引起重视。企业合规建设也成为提升企业管理水平、防范企业重大风险的契机。基于对已有的研究成果，尤其是对现有的企业合规研究从学科领域、研究方法、评测方面的梳理和归纳，本书试图从以下四个层面展开研究，以更加全面地探讨企业合规的各个维度。

（1）企业廉洁合规的概念与定义。本书对企业廉洁合规的概念和定义进行深入探讨，明确其内涵和外延。通过对国内外相关文献的分析，可以在理论上明确企业合规的具体含义，并结合不同国家和地区的实践，形成一个更加准确的定义框架。

（2）企业廉洁合规评价研究的重点与方向。在企业合规研究中，评价是一个重要环节。本书聚焦于企业廉洁合规评价的方法和工具，探讨如何从定性和定量两个角度，结合内外部因素，综合评价企业的合规情况。此外，本书梳理并分析了国际上已有的评价指标和方法，以借鉴其经验，为我国企业廉洁合规评价提供参考。

（3）企业廉洁合规评价体系构建。本书着重构建企业廉洁合规评价体系。基于国际经验和本国实际，将从法律法规遵从、内部管理体系、风险控制等维度提炼出一套科学合理的评价体系。这些指标既能量化评价企业合规程度，又能为企业提供具体的改进方向。

（4）企业廉洁合规建设的重点与方向。通过对国内外成功案例的研究，分析企业合规建设的有效途径和策略，从而为我国企业合规建设提供具体的指导意见。同时，本书将关注企业合规与可持续发展的结合，探讨如何将合规融入企业的战略规划中，实现经济效益和社会效益的双赢。

本书从企业廉洁合规的概念与定义、评价研究的重点与方向、评价体系构建以及企业廉洁合规建设的重点与方向四个方面出发，对企业合规进行深入研究，旨在为我国企业合规建设提供理论支持和实践指导。通过对国内外相关文献的综合分析，并结合具体案例的研究，以期为我国企业合规管理体系的建设和完善提供有益的借鉴和启示。

1.4 研究方法

本书采用定性与定量研究相结合的方法。首先通过定性研究方法对企业廉洁合规的内涵与外延进行概念界定与理论梳理，通过对相关评测体系的总结，结合跨国企业经营实际与业务特点，构建中国企业廉洁合规的评价体系。具体而言，本书综合运用文献、调查、比较与归纳等方法开展相关研究。

1.4.1 文献研究法

本书采用文献研究法对两个方面的内容进行了系统的梳理与总结。一是系统梳理总结党中央、中央纪委国家监委、国资委等对于企业廉洁合规的要求、规定及相关制度，为提高研究的政策性、理论性、系统性奠定基础；二是对国内外企业廉洁合规的理论与实践进行梳理，同时本书对国内外关于企业廉洁合规的制度要求以及相关法律文本进行了总结，拓展了研究的国际化视野。

1.4.2 调查研究法

在调查研究方面，本书充分利用深度访谈和焦点小组讨论等方法，以获取对企业廉洁合规问题的定性分析资料。通过与企业高层管理人员、合规团队以及相关专家学者的广泛交流，深入了解企业廉洁合规在实际运行中所面临的管理问题、挑战和困难。此外，结合企业公开数据和相关运营管理数据，对涉及的工作内容和流程进行详尽梳理与总结。这一过程将有助于明确评价体系的细化方案，为后续数据分析提供坚实的理论支持和方法基础。

1.4.3　比较与归纳研究法

比较与归纳方法在研究中发挥了关键作用。通过对文献综述、深度访谈和案例分析的内容进行整合和归纳，进而提炼出企业廉洁合规的核心要点。同时，对涉及的概念、工作机制、测评方法以及理论框架等内容进行比较和整合，有助于构建本研究的评价体系。基于理论框架的构建和数据分析结果，本书将提出实际建议和对策启示，以推动企业合规管理的实务工作。

通过多层次、多角度的研究方法，本书从理论和实践的角度深入探讨了企业廉洁合规问题。这不仅有助于加深对企业廉洁合规的理解，还为企业管理和政策制定提供了有价值的指导和建议，从而推动我国企业廉洁合规水平的不断提升。

1.5　研究内容及技术路线

1.5.1　研究内容

结合研究思路及研究框架，本书的研究内容主要概括为以下六个部分。

（1）廉洁合规评价基本理论问题。开展企业廉洁合规评价方面的研究，是贯彻落实党中央、中央纪委国家监委重要精神的具体举措，对于推动全面从严治党、提高企业竞争力具有重要的现实意义。本书系统梳理了党中央、中央纪委国家监委、国资委关于企业廉洁合规发展的重要指示，明确研究的背景和意义，论述企业开展廉洁合规建设的重要性与必要性，在此基础上梳理出研究需要解决的理论与实践问题以及需要遵循的理论依据。

（2）国内外廉洁合规管理理论脉络梳理。"合规"作为舶来品，在我国企业管理实务中仍然存在理论适用性与实践操作层面衔接不当等问题，有待进一步研究与探讨。本书通过梳理总结国内外关于企业廉洁合规研究的最新理论成果，尤其是对于合规的定义与概念、国内外关于企业廉洁合规的前沿性研究，以及一些国家与国际组织关于企业廉洁合规的制度规定、法律实践等，同时注重梳理国内外已开展的相关评价和方法等内容，为构建具有中国特色的企业廉洁合规评价体系提供理论支撑和国际视野。

（3）国内外企业廉洁合规管理的现状分析。近年来，我国高度重视企业尤其是国有企业的廉洁合规管理工作，并在推动企业廉洁合规管理方面进行了探索。本书分析和总结当前国内外在企业廉洁合规评价方面的实践探索，明确取得的成效，同时分析推动企业廉洁合规管理工作存在的困境及成因。

（4）构建企业廉洁合规评价体系。对企业廉洁合规状况进行评价，是推动企业廉洁合规发展的重要抓手。本书结合国内外现有的评价体系，基于企业发展的基本特点，结合跨国企业的发展实际，征求专家意见建议，构建企业廉洁合规评价体系，为我国优化该项工作提供理论及数据支撑，并就指标体系的分析和推广运用提供参考及意见。

（5）企业廉洁合规测评结果分析。结合企业廉洁合规评价指数的构建、数据采集与案例调研，对主要跨国企业进行廉洁合规测评，同时还结合案例调研与深度访谈的内容对测评结果进行解释与分析。

（6）推动企业廉洁合规评价工作开展的对策建议。推动企业廉洁合规评价工作的有效开展需要以评价体系作为切入点，借助多方力量促进评价体系的有效运行。本书将从多个维度提出相关对策建议，指导如何开展企业廉洁合规评价，进而提升我国企业廉洁合规管理水平。

1.5.2 技术路线

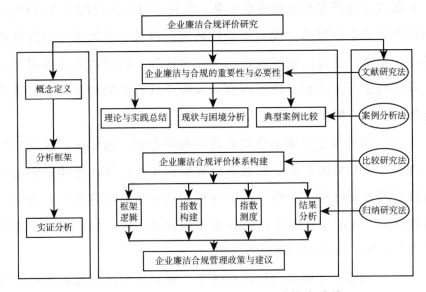

图 1-1　企业廉洁合规评价研究的技术路线

| 2 |

企业廉洁合规建设现状

"合规"来源于英文单词"compliance"，最早出现在金融领域，后来又不断扩展到社会、环境、反腐败、反垄断、反欺诈等多个领域。从字面上理解，企业合规是指企业的运营遵守相关的法律、法规、准则和规范。本章将对合规尤其是廉洁合规的理论与实践发展脉络进行梳理，总结企业廉洁合规建设的现状及存在的主要问题，为开展以评促建的体系构建奠定理论基础。

2.1 企业廉洁合规理论脉络

2.1.1 企业廉洁合规理论概述

企业的廉洁合规建设是企业现代化管理的重要组成部分之一。自20世纪90年代以来，优化公司的治理结构与治理效能一直以来是学界以及实务界的关注重点①，但企业廉洁合规管理研究真正进入学术界以及实务界的视野还是基于美国《反海外腐败法》开展的相关制裁②。

---

① 沈洪涛、杨熠、吴奕彬：《合规性、公司治理与社会责任信息披露》，《中国会计评论》2010年第8期，第363~376页。
② 邓峰：《公司合规的源流及中国的制度局限》，《比较法研究》2020年第1期，第34~45页。

关于廉洁合规的研究，不少学者①②③围绕所有制、治理结构以及委托代理关系下公司治理结构从定性与定量两个层面来展开。具体而言，企业廉洁合规的研究是腐败与经济转轨研究微观视角的具体体现。与传统的反腐败研究相比，企业廉洁合规研究涉及的学科视角更为广泛、研究问题更为繁杂，研究者需要在传统的腐败治理视角下结合最新的国内外相关治理规则，从学科融合的视角推进企业廉洁合规管理的研究④⑤。

企业合规源于美国，进而逐步成为各国在对企业进行行为规制以及各企业在制定管理规则时的重要参考依据⑥。企业合规的已有研究多从法学、工商管理等领域切入，研究刑事激励下企业合规治理的相关要素与步骤。企业廉洁合规的研究重点与难点主要集中在企业廉洁合规的概念辨析、企业廉洁合规与传统企业规制手段（内部控制、纪检监察）等管理条线及规制手段的异同等方面⑦。

近年来，发达国家加快对国际经贸规则的重构，特别是疫情后经济衰退和竞争加剧引发全球秩序重塑，对企业的国际化进程及廉洁合规管理提出了新课题和新挑战⑧。我国企业廉洁合规管理与西方

---

① 李连华：《公司治理结构与内部控制的链接与互动》，《会计研究》2005 年第 2 期，第 64~69 页。

② 张维迎：《所有制、治理结构及委托—代理关系——兼评崔之元和周其仁的一些观点》，《经济研究》1996 年第 9 期，第 3~15 页。

③ 黄波、陈正旭、王楚明：《我国 A 股上市公司董事会治理结构演进与变革的实证研究》，《财贸经济》2010 年第 6 期，第 18~26 页。

④ 毛志宏、魏延鹏：《党组织嵌入对信息透明度的影响研究——来自国有企业的经验证据》，《软科学》2020 年第 8 期，第 12~18 页。

⑤ 邓峰：《公司合规的源流及中国的制度局限》，《比较法研究》2020 年第 1 期，第 34~45 页。

⑥ Aguilera, R. V. and A., "Cuervo-Cazurra, Codes of Good Governance," *Corporate Governance: An International Review*, 2009, 17 (3): 376-387.

⑦ 邓峰：《公司合规的源流及中国的制度局限》，《比较法研究》2020 年第 1 期，第 34~45 页。

⑧ 陈瑞华：《企业合规不起诉制度研究》，《中国刑事法杂志》2021 年第 1 期，第 78~96 页。

全球化企业相比，仍存在着进展不平衡、机制不健全、体系不完善等突出短板①。廉洁合规管理研究尚未得到全面重视，企业普遍存在系统谋划不足、顶层设计缺乏、实践创新不够和平台交流较少等问题②③④。对于廉洁合规的实际运作而言，现有研究缺乏在深入研究案例的基础上对企业廉洁合规现状、困境以及成因的系统分析。⑤

2.1.2　企业廉洁合规的概念界定

"合规"一词的英文为"compliance"，意为遵循、遵守或满足某一具体的需求。"规"一般来源于法规、法院判决、执法机关的决定、私人组织内部的规章制度、行为准则以及社会伦理。具体而言，合规是组织或个人在遵守法律法规、规范和标准的框架下，确保其行为符合相关要求的管理原则和实践。它涉及遵守适用的法律、行业规定和内部规范、管理风险、透明度与信息的准确性以及违规行为的处理措施和程序。合规是维护企业长期可持续发展和良好声誉的关键因素。随着企业经营范围的不断扩大，需要遵守的规章制度以及各国的法律要求显著增加，企业面临的法律风险与挑战也愈发明显。为保证企业的各项决策、经营管理行为符合法律法规，不违反基本的社会伦理，就必须制定一套防范风险的制度。这也成为企业加速开展合规建设的现实背景与

---

① Guido, P. and G. S. Andreas, "Corporate Legitimacy as Deliberation: A Communicative Framework," *Journal of Business Ethics*, 2006, 66 (1).

② 陈瑞华：《企业合规的基本问题》，《中国法律评论》2020 年第 1 期，第 178~196 页。

③ 杨力：《中国企业合规的风险点、变化曲线与挑战应对》，《政法论丛》2017 年第 2 期，第 3~16 页。

④ 李玉华：《以合规为核心的企业认罪认罚从宽制度》，《浙江工商大学学报》2021 年第 1 期，第 61~71 页。

⑤ Giambona, E., et al., "The Theory and Practice of Corporate Risk Management: Evidence from the Field," *Financial Management*, 2018, 47 (4): 783-832.

要求。

企业合规的重点在于全面的风险管理，同时也需关注法律风险的有效控制。起初，合规仅是作为行业自律和企业自身调控的一种措施，适用于更多的政府管制和强制执行领域（如金融、反垄断等）。随着政府加强监管，一系列政策、法规出台，企业合规逐步从一种以行业自律和企业自身监管为主的内控制度向以威慑和预防违法犯罪的内控机制转变，并逐步向"刑事化"发展。1991年由美国联邦量刑委员会发布的《组织量刑指南》一直被认定是企业合规正式诞生的标志。如果企业能拿出充分的证据证明其在案件发生前已经努力建立意在控制违法行为发生的内部规范体系，那么在量刑裁决的过程中其会因为这种努力而减轻甚至免除处罚。

我国最早出于金融监管的需要，将合规的概念引入企业管理。2006年10月，中国银监会颁布《商业银行合规风险管理指引》，明确提出"合规管理"是银行的一项重要风险管理工作，而合规是银行全体职工的职责所在，因此，必须建立健全合规风险管理制度。这是我国第一次将"合规管理"这个概念用于文件。此后，证监会出台了《证券公司和证券投资基金管理公司合规管理办法》《证券公司合规管理试行规定》《保险公司合规管理指引》《保险公司合规管理办法》等法规，合规管理在金融领域逐渐形成并不断完善。我国目前较为成熟的公司治理制度主要包括三大方面，即健全的公司治理；建立稳定、持续、可行的内部控制体系；公司社会责任的明确和严格遵循。其中从内控体系的层面提出了对合规的要求①。国资委于2018年11月印发的《中央企业合规管理指引（试行）》对合规、合规风险、合规管理的概念进行了明确界

---

① 杨力：《中国企业合规的风险点、变化曲线与挑战应对》，《政法论丛》2017年第2期，第3~16页。

定。这也是我国从国家层面的制度文本视角对合规建设涉及内容做出的明确说明。

2.1.3 企业合规的理论脉络

1. 企业合规制度的域外引介

自美国《反海外腐败法》实施以来，企业合规制度逐渐成为全球反腐败治理的重要内容。在此背景下，推动我国反腐败制度与国际规则接轨，同时结合中国国情提升腐败治理能力，已成为我国企业在国际化进程中的内在需求和战略选择。学界分别对美国、法国等多国的企业合规制度进行深刻剖析，通过对各国制度比较发现，企业合规制度对腐败治理的典型意义在于非刑事责任的设立。这表明腐败治理路径由事后的被动惩戒向事前的积极主动预防拓展。由此，企业合规制度中非刑事责任制度的探索以及如何嵌入本国法律体系进行本土化改造成为我国学界具体探讨的方向。从非刑事责任出发，各国表现出不同的制度设计。以下将对各国的不同制度设计及其对我国打击跨境腐败立法完善的启发意义进行分析。

美国《反海外腐败法》中腐败惩戒的非刑事责任表现为美国反贿赂合作机制的建立，其具有非常宽泛的管辖范围，对于推动全球范围内的企业合规起到了重要作用，是我国学界域外引介的热议话题。这一合作机制的具体流程表现为审前分流协议，即通过暂缓起诉协议或不起诉协议与涉案企业和解结案。在合作利益的激励下，其具体运作方式表现为，在规制企业贿赂犯罪过程中，通过执法机构与违法企业经由合作达成审前分流协议进而和解结案成为《反海外腐败法》的主要结案方式①。美国反贿赂合作机制作为该法的亮

---

① 万方：《企业合规刑事化的发展及启示》，《中国刑事法杂志》2019 年第 2 期，第 47 ～ 67 页。

点，有效提高了美国《反海外腐败法》的执法实践效果。在制度引入过程中，国内学者的本土化研究展现了多元视角。一方面，重点关注如何在中国语境下确保制度的正当性和可行性，即在维护司法公正的基础上，减少刑事责任，同时提升制度效果，从而推动反腐败工作的高效落实。对此，美国现行制度对合作机制设定了相应的前提条件，以避免其滥用。首要条件是与联邦检察官进行深入调查合作，此外，遵守会计条款、合规建设等情节也是适用暂缓起诉协议和不起诉协议的重要因素①。另一方面，聚焦于如何促进企业合规机制中和解协议制度与我国现行制度的衔接。相关文献从推进全面反腐、提高腐败犯罪治理能力的角度切入，借鉴美国反贿赂合作机制的经验，主张促进企业合规制度与单位自首、立功、坦白及单位缓刑制度的衔接②。通过制度完善实现对企业贿赂犯罪的有效治理，同时避免了刑事责任对企业经营造成的严重损害。

法国非刑事责任的制度探索表现为"基于公共利益的司法协议"（Convention Judiciaire d'Intérêt Public，CJIP）的建立。制度的缘起、效果及借鉴是学界关注的重心。有学者对这一司法协议的适用范围、适用标准、适用流程和制裁措施进行了总结归纳。主要包括：一是涉案公司不需要承担认罪的义务，但需要承认检察机关提供的事实陈述及其法律意义；二是由检察机关与公司签订协议，而非个人；三是只适用于特定的行为类型，例如腐败和洗钱等行为；四是设定企业的相关义务，例如罚款、赔偿金以及严格合规计划等；五是检察机关向法院提交，并经法院审核③。这一制度的鲜明特点在于发挥

---

① 肖扬宇：《美国〈反海外腐败法〉的新动向及我国国内法表述》，《中国刑事法杂志》2020年第2期，第158~176页。

② 万方：《企业合规刑事化的发展及启示》，《中国刑事法杂志》2019年第2期，第47~67页。

③ 陈瑞华：《企业合规制度的三个维度——比较法视野下的分析》，《比较法研究》2019年第3期，第61~77页。

了腐败治理的预防作用。法国的企业由法国自己处罚、将罚金留在法国的功利考量是法国创设公益协议的动因之一。就这一制度的本土化探索而言，有学者密切结合当前监察体制的建立，主张探索监察机关合规监督程序。合规计划是公司企业正当行使其社会公共权力的基本标准，为此将对监督对象履行合规计划情况的监督纳入监察委员会积极行使职权的范围①。

此外，其他国家也积极利用企业合规制度对打击跨境腐败立法中的非刑事责任进行探索。例如，意大利发布关于企业合规制度的第231号法令。该法令从企业责任的归责原则、制裁措施、企业合规免责的适用以及有效合规计划的构建等方面对企业合规制度的具体运用进行了明确规定。其对我国的借鉴意义体现在如何明确单位责任的归责原则，同时实现具体责任类型的多元化，采用配额罚金制并增设褫夺资格处罚，而不仅仅是以限制人身自由等为内容的刑事责任②。

综上，现有学理研究在域外引介的基础上积极促进域外法律制度在我国的本土化表述及发展。例如，企业合规中责任认定的量刑激励价值、扩大从宽处罚情节以及行政处罚标准等机制的探索。从促进打击跨境腐败立法的角度来看，预防、教育、监督和惩戒作为反腐败制度的重要环节，以企业合规制度为契机积极引入建构具有中国特色的非刑事责任制度，有利于我国形成结构严密、体系完整的打击跨境腐败立法体系。

2. 作为行政监管激励机制的合规

作为行政监管激励机制的合规是认识企业合规制度的维度之一。目前，从行政监管这一视角对企业合规制度进行探讨的学理研究较

① 陈萍：《"预惩协同型"腐败治理机制之建构——基于法国〈萨潘二号法〉的比较视角》，《浙江工商大学学报》2021年第4期，第59~71页。
② 刘霜：《意大利企业合规制度的全面解读及其启示》，《法制与社会发展》2022年第1期，第59~77页。

少，仍处于制度探讨初期。主要关注的问题在于如何在宏观上建立一种行政监管合规机制的框架体系。现有的研究探索出行政监管领域企业合规的两种建构路径。

首先，从行政监管的特点出发，依据行政监管的不同阶段建构企业合规与行政执法的制度衔接机制。有观点认为我国已经初步形成六种行政监管合规制度，即发布合规指引、推行行政指导、实施强制合规、确立预防性监管机制、推动合规宽大处罚机制与试行行政和解制度[①]。这一观点从源头治理的角度出发，不仅着眼于刑事诉讼程序中的"去犯罪化"，还从源头上治理企业的违法违规经营问题，从而推动企业违法违规经营问题彻底解决。同时，从事前的规则指引、事中的监督指导到事后的监督惩戒三方面完善制度的全流程构建与健全。

其次，区分不同的行政监管领域，如税法合规、网络安全合规及数据合规等，建设企业合规管理体系。就税法合规而言，从税务风险管理制度构建、税务风险的识别和评估、税务风险的管理和税务筹划四方面展开。网络安全合规的重点在于主体认定、流程管理和分类管理。数据合规体系建设包括企业内部个人信息保护合规政策、个人信息收集的知情同意原则、数据保存环节的"去标识化处理"、尽职调查等[②]。具体领域内企业合规制度的特点在于首先要立足于风险社会中风险治理的现实需求，其次是密切结合行政监管领域的特点。

因此，如何促进行政监管体制与企业合规制度的制度衔接是研究的主要问题。在此基础上，如何加强行政监管激励机制的企业合规制度建设，并从宏观的制度构建向具体微观的制度构建拓展，应

---

① 陈瑞华：《企业有效合规整改的基本思路》，《政法论坛》2022 年第 1 期，第 87~103 页。
② 陈瑞华：《论企业合规的性质》，《浙江工商大学学报》2021 年第 1 期，第 46~60 页。

是制度探索和学理研究的未来方向。

3. 作为应对国际制裁之依据的合规

随着"一带一路"倡议的持续推进，越来越多的中资企业"走出去"，跨境腐败风险日益凸显。为此，我国法律界有必要对有关国际法及美国的相关法律进行深入研究，在面对境外风险时，能够为国家、企业和相关人士提供法律咨询和其他帮助。例如，以法国阿尔斯通公司和巴黎银行因合规问题为导火索，法国对公益协议程序进行引入，是基于在经济全球化形势下迅速构建一种能够与他国域外管辖相抗衡的司法手段的迫切需求，然而在保障国家安全机制的实施中收效良好。由此可见，企业合规制度在应对国际腐败制裁中的重要意义。

我国企业在境外投资时面临着诸多法律和制度风险，并面临更为严格的审查。2020年，欧盟委员会发布了《针对外国政府补贴的促进公平竞争白皮书》，这为欧盟处理外国投资问题提供了新的监管工具，使得欧盟委员会能够广泛审查外国投资。

综上，企业合规作为涉及公司治理、行政监管、刑法、刑事诉讼法、国际法等的一个跨学科研究领域，在开展企业合规建设过程中需要充分吸收各学科的研究视角与思路。只有这样才能全方位构建一套企业可操作的评价体系，更好地促进企业合规建设的落地。

2.2　全球企业廉洁合规管理发展脉络

"合规"这一管理概念最早是在以美国为代表的西方国家金融行业被普遍使用。20世纪90年代，随着金融行业的快速发展，许多大型国际金融机构相继爆出银行洗钱、违规操作等导致重大损失的风险事件，如英国巴林银行因操作不当倒闭等。频发的金融行业风险案例暴露出各国金融机构自身存在的合规管理风险，使得各国监管机构认识到合规管理的重要性，相继出台一系列法案。不少西方国家在原有金融业合规监管的基础上逐步推出了相关政策与法律法规。美国反腐败反贿赂的法律分为国内和国外两部分，国内部分主要管辖美国境内的腐败行为，国外部分则打击美国境外的腐败行为，打击行贿的主体不限于美国个人和实体，也包括外国人，而美国的《反海外腐败法》正是其国外部分的核心，该法奠定了美国现代反腐败反贿赂法律体系，而且具有全球影响力。2011 年，反腐力度创全球新高的英国《反贿赂法》正式生效，将公共领域与私营领域的贿赂行为合为一体，规定综合性的罪名。新创罪名"商业组织预防贿赂失职罪"，规定了商业组织因疏于构建内部行贿预防制度而导致行贿行为发生所需要承担的责任。此外，加拿大、法国、日本、韩国等国家均制定了类似的法律法规。

近年来，不少政府间国际组织和非政府组织也在积极推进企业廉洁合规建设的完善与优化。1995 年，联合国首次提出"全球契约"的构想，号召企业以承诺遵守国际行为准则的方式，使经济活动兼顾社会公益，承担相关社会责任。2004 年，联合国进一步扩充形成人权、劳工标准、环境、反贪污四个方面的十项基本原则。1999 年，世界银行实施黑名单制度，不给任何涉嫌贪污受贿的国际公司以投标资格，并禁止其参与由该行资助的所有工程项目。2004 年，巴塞尔委员会改进并颁布《巴塞尔协议》，鼓励银行不仅要识别当前的风险，而且要识别将来的风险，并且通过改进现有的风险管理体系来管理这些风险。2010 年，世界银行更是与亚洲开发银行等达成联合取消资格协议。同年，《世界银行诚信合规指南》正式生效，提出企业制定并实施符合要求的合规诚信体系，是有条件解除取消资格制裁、提前解除取消资格制裁的主要条件。2010 年，经济合作与发展组织颁布《内控、道德与合规最佳行为指南》，要求企业制定明确的政策来禁止海外贿赂，制定针对所有员工的合规执行体系、相关交流和培训机制、完善的举报制度等。2014年，《合规管理体系指南》（ISO 19600）发布实施，将合规管理分为建立和改进两部分，包括确定合规范围、建立合规方针、评估合规风险、制定应对计划、实施和控制、评估和报告、持续改进等，为所有不同规模和类型的企业建立有效的合规管理体系提出了指导性建议。2016年，国际标准化组织颁布了《反贿赂管理体系 要求及使用指南》（ISO 37001：2016），对于企业运营当中可能存在的不正当的利益往来行为，阐述了预防、发现和应对措施。2021年4月，国际标准化组织在此基础上更新有关要求，发布了《合规管理体系 要求及使用指南》（ISO 37301：2021），进一步完善与优化了企业面临合规管理应当遵从的操作指引。

2.3 中国企业廉洁合规管理发展脉络

我国的合规管理与境外合规发展类似，从金融机构逐步延伸至其他行业。目前，我国已逐步加强对各行业合规管理体系建设的重视，针对企业合规管理体系建设出台了多项法规。我国企业合规体系建设正稳步推进，虽然相关法规、行业监管要求有待进一步完善，但合规管理已成为中国企业健康发展的主旋律。面对日益复杂的外部环境和监管要求，企业应从多方面加强合规管理，逐步完善企业制度，降低企业风险，确保合规运营。

长期以来，我国通过加大政策引导和监管力度，引导企业走向国际市场。2006年，国资委出台了《中央企业全面风险管理指引》。随后证监会、银监会、保监会相继出台了金融机构合规管理指引文件。2008年，财政部等五部门联合发布了《企业内部控制基本规范》及其配套指引，标志着中国企业内部控制规范建设取得了重大突破。2011 年国家标准委发布了《企业法律风险管理指南》（GB/T27914-2011），为我国企业法律风险管理体系的可复制和推广奠定了基础。2012 年，国资委首次将"全面风控"概念引入央企，正式从法律风险管理转向"合规"，并于次年启动了与世界一流企业接轨的合规研究。在企业社会责任方面，2006 年国资委、工信部、商务部先后发布了《企业社会责任立法》。2014 年，党的十八届四中全会首次提出了加强企业社会责任立法的建议。

此外，我国一直关注企业走向世界的规范化管理。2017 年 5 月中央全面深化改革领导小组第三十五次会议围绕合规建设给出了明确要求，会议指出，要规范企业海外经营行为，必须围绕体制机制建设、突出问题导向、落实企业责任、严格依法执纪、补足制度短板，加强企业海外经营行为合规制度建设，逐步形成权责明确、放管结合、规范有序、风险控制有力的监管体制机制，更好服务对外开放大局。近几年，中央明确要求企业加强合规管理，建立合规制度。中央对企业海外经营行为合规的要求必然转化为对企业全方位（包括国内外经营在内）的全面合规要求。2018 年，国资委根据试点央企的经验，印发了《中央企业合规管理指引（试行）》，其中包括总则、合规管理职责、合规管理重点、合规管理运行、合规管理保障和附则等六方面内容，成为推动中央企业及国有企业强化合规经营、构建合规管理体系的里程碑。

中国企业合规建设从治理结构、内控机制、社会责任三个维度切入，特别是在内控机制建设方面取得标志性成就，为中国企业在国际上树立合规形象和提升话语权奠定了坚实的基础。2014 年，国资委发布了《关于推动落实中央企业法制工作新五年规划有关事项的通知》，正式提出了加强企业合规管理。此后两年，国资委先后发布了《关于全面推进法治央企建设的意见》《关于在部分中央企业开展合规管理体系建设试点工作的通知》。

近年来，我国从发布指引到办法，不断强化廉洁合规制度建设。为了更好地服务企业开展境外经营，促进企业"走出去"，提高企业合规管理水平，国家发展改革委、外交部、商务部、中国人民银行、国资委、外汇局、全国工商联共同制定了《企业境外经营合规管理指引》。中央企业内部合规管理制度要求各中央企业按照《中央企业合规管理指引（试行）》建立内部合规管理体系。对于中国企业来说，合规管理制度建设已经成为防范境外经营风险、持续稳定经营的重要保障。此外，国资委还将2019年定为"中央企业合规风控深化年"。

表 2-1　国内企业合规建设的制度规定

年份	发布单位或会议	内容
2006	国资委	《中央企业全面风险管理指引》提出战略、财务、市场、运营和法律五个维度的风险结构
2008	财政部、证监会、审计署、银监会、保监会	《企业内部控制基本规范》及其配套指引
2011	国家标准化管理委员会	《企业法律风险管理指南》（GB/T27914-2011）
2012	国资委	面向央企首次提出"全面风控"
2014	党的十八届四中全会	提出"加强企业社会责任立法"
2014	国资委	《关于推动落实中央企业法制工作新五年规划有关事项的通知》正式提出加强企业合规管理
2015	国资委	《关于全面推进法治央企建设的意见》提出合规管理能力的具体要求
2016	国资委	《关于在部分中央企业开展合规管理体系建设试点工作的通知》确定5家中央企业为试点企业，探索开展合规管理体系建设
2017	中央全面深化改革领导小组第三十五次会议	要求企业强化合规管理，建立合规制度

续表

年份	发布单位或会议	内容
2018	国资委	《中央企业合规管理指引（试行）》包括总则、合规管理职责、合规管理重点、合规管理运行、合规管理保障和附则
2018	国家发展改革委、外交部、商务部、中国人民银行、国资委、外汇局、全国工商联	《企业境外经营合规管理指引》强调境外经营活动全流程、全方位合规
2019	国资委	中央企业合规风控深化年
2021	国资委	中央企业陆续建立企业合规委员会
2022	国资委	《中央企业合规管理办法》出台、中央企业陆续设置首席合规官

2.4 中国企业廉洁合规建设现状

近年来，随着我国经济的快速发展和国际化进程的加深，中国企业面临着越来越多来自国际法律法规和市场规则的挑战。为了在全球市场中获得竞争优势，维护企业和国家的形象，中国企业越来越重视廉洁合规体系的建设。

2.4.1 企业廉洁合规建设经验做法

1. 党建引领助力境外业务合规管理

加强党的领导是确保"一带一路"倡议顺畅执行、有序推进的关键。在这一宏伟蓝图的实施过程中，尤其是对于国有企业，党建工作不仅是廉洁合规建设的基石，更是其重要动力。以 A 公司为例，公司始终高度重视党建引领，确保关键的经营管理决策在党委会的深入讨论下进行，党组织在指明方向、掌控大局、推动实践中的领导职能得到了充分体现，保障了公司在海外业务的合规建设始终朝着正确的政治方向前进。同样，B 公司也明确了党组织在公司治理结构中的法定地位，并将此作为加强组织领导、关注高风险区域以及完善海外合规制度体系的基础，以此来完善企业的合规经营管理体系。在党的领导下，党的建设与廉洁合规管理的融合实施，使得海外业务发展与境外反腐工作齐头并进，双线作战。通过上述实践，可以看出在"一带一路"倡议的大背景下，强化党的领导，深入推进党建工作不仅是国有大中型企业稳步推进海外业务、确保合规运营的重要保障，也是推动国际合作、提升中国企业国际形象的关键所在。党建工作的深入不仅能引领企业明确发展方向、加强组织纪律，还能为企业在复杂多变的国际市场中稳定发展提供坚实的政治和思想保障。

综上所述，通过党建工作的深化与党的领导的加强，为中国企业在海外的合规建设与业务拓展提供坚强的政治支撑与正确的发展方向指引，从而确保企业在遵守东道国法律法规、尊重国际商业规则的同时，有效应对各种风险挑战，实现可持续发展。这一过程不仅有助于推动"一带一路"倡议的深入实施，也为中国企业树立良好国际形象、增强国际竞争力提供了有力支撑。

2. 完善治理机制以确保合规管理的规范性

众多中国企业在境外运营的过程中，积极构筑了一整套精细的内控及合规体制，详尽地规划了一系列合规操作程序和管理规章。这套体系不仅覆盖了反腐败、反洗钱等关键领域，还包括商业道德、透明度公开、内部监察等方面。在"一带一路"建设中，中国企业以稳固的合规体系为基石，综合运用了规范设定、管理强化、流程优化、风险排查与违规惩处等手段，确立了防范跨境风险和增强廉洁合规的规范体系。

这些企业从高层决策者到普通员工，从整体战略到微观操作，从理念塑造到实际行动，都有条不紊地构筑起了一套全面的大合规体制。在法规遵循方面，中国企业不仅严格遵守国内法律法规和国际通行标准，同时也严格遵循所在东道国的法律体系与规范要求。因此，在"走出去"的道路上，中国企业除了坚守本土法律法规，还要深入了解和遵循国际合规要求，这也是其顺利推进海外项目的关键所在。此外，秉持"入乡随俗"的原则，对东道国的政治态势和法律环境进行全面评估，是构筑立体风险防控体系、最大限度降低潜在损失的必要前提。

在实践中，中国企业通过不断优化自身的合规管理体系，有效应对国际化经营过程中的种种挑战。这不仅展现了中国企业对国际规则的尊重和遵循，也体现了其在全球经济中日益增长的影响力和责任感。通过不懈的努力，中国企业在海外市场的持续发展和扩张，正逐步形成一种可持续、健康、合规的国际化经营新模式。

3. 数字化驱动下的企业合规管理革新

合规管理核心在于对风险的识别与控制，而技术手段则是实现合规风险有效管理的关键工具。在"十四五"规划提出加速数字化进程、推动数字技术与实体经济的深度整合，助力传统行业改造升级的大环境下，将数字化转型作为提升合规管理效率的途径，既能降低企业运营成本，又能有针对性地发现并处理腐败风险隐患。例如，C集团通过开发集成审批、公告等功能的海外合规系统，已实现合规审批流程的在线化，有效提升了审批速度并强化了监控分析能力，确保了海外业务合规性的信息化执行。技术的应用是确保规章制度得以有效执行的关键。通过技术手段，中国企业构建了覆盖全链条的监控体系，完善了应急响应措施，并实施了问责制度，确保了企业运作的廉洁和诚信。

在合规管理体制中，各业务部门扮演着防范风险的前沿角色，将合规原则融入人力资源、财务、运营等各大系统，确保部门之间的密切配合和信息共享，推动各业务板块深化合规实践，确保规范操作得以实施。例如，在人力资源管理方面，人员是合规经营的关键，因此建立全面的人员管理体系，创新海外人才的选拔和管理，确保关键职位的权责平衡及关键人员的有效管理。在财务管理方面，建立可追溯的财务制度，财务团队需对外部业务财务全链条实施严格监督，并主动与政府部门协作。

为确保企业行为的规范性，广泛建立投诉和举报机制，设立全面的举报通道、高效的信息处理体系和权威的受理部门，积极解决不同文化背景、法规环境、市场竞争以及举报人保护等因素带来的挑战。例如，Z集团对举报投诉案件实施分级管理制度，确保投诉举报的及时处理和反馈，严格保密举报人信息，防止报复行为。

4. 加大境外合规人才培养以提升企业国际竞争力

在全球化经济背景下，随着中国企业"走出去"步伐的加快，境外合规管理显得尤为重要。为了确保在不同法律文化背景下的合规经营，中国企业正将培养专业的境外合规人才作为实施有效合规管理的核心策略之一。这些企业意识到，只有拥有一支懂法律、懂管理、懂业务的专业人才队伍，才能为企业的稳定发展和国际竞争力的提升提供坚实保障。

诸多国有企业已经将境外合规人才培养纳入其"十四五"发展规划，着力构建专业且高效的法治人才梯队。以D公司为例，该公司将法治和合规人才定位为公司发展的六大人才支柱之一，将境外合规人才的培养作为未来五年的重点任务，并设定了明确的人才建设目标和培养标准。

为了强化合规文化的内化与实践，广大中国企业正积极建立全面的员工培训体系，通过系统的培训和考核，增强全体员工的合规意识和能力。这种培训不仅涵盖合规基础知识，还包括专业的法律和道德规范教育。例如，E公司通过开展"反腐倡廉教育月"等活动，加强员工对公司反腐败政策的理解和执行。

此外，中国企业在培养合规人才的过程中，也采取了一系列创新举措。例如，有企业与境外知名高校合作，为员工提供境外研修和进修的机会，旨在通过国际视野的拓宽和实践能力的提升，打造符合国际标准的合规管理团队。同时，通过建立奖惩机制，鼓励员工积极参与合规培训和实践，确保合规知识的有效传递和应用。中国企业重视境外合规人才的培养，强化员工的合规教育，为企业的国际化发展筑牢了合规基础。这不仅体现了中国企业对于风险管理和法治经营的高度重视，也展现了其积极适应国际规则、推动企业可持续发展的决心和行动。未来，随着这些战略举措的不断深化和完善，中国企业将在国际舞台上展现出更加成熟和负责任的形象。

2.4.2　企业廉洁合规建设面临的挑战

尽管中国企业在廉洁合规建设方面取得了一定的成绩，但是仍然面临着许多有代表性的风险。从总体上讲，尽管目前国内企业特别是国企已开始实施全面风险管理、内控体系建设和社会责任管理等方面的工作，但总体上还处在起步阶段，与国外大型跨国企业的治理水平还有一定差距。许多国有企业还没有建立起一套系统规范、行之有效的合规管理体系。中国企业无论在国内市场还是在国际市场都要面对越来越严峻的监管环境。虽然很多企业已经认识到建立合规体系的重要意义，但如何构建一套行之有效的合规管理体系并开展运作仍然有很多问题亟待解决。目前，我国企业廉洁合规建设面临的问题与挑战主要来自以下几个方面。

1. 不同国家和地区的政策规定、法律制度存在差异

企业开展海外经营将不可避免地面临经营地所在国家和地区的政策规定、法律制度与本国差异所带来的挑战。"一带一路"倡议涉及国家之多、范围之广、层次之深，众多共建国家在政治、经济、

文化、宗教、法律等方面千差万别。我国企业在如此复杂的区域环境中进行经济往来，产生各类商事纠纷在所难免。这些制度、法律以及人文环境存在的差异给中国的跨国企业的经营与运作带来了挑战与风险。这些不可控的外部因素需要一套完整的评估方法来帮助企业尽可能地规避风险、实现共赢。中国企业合规风险敞口①大小及其受损程度与各国监管强度相关。除各国的法律规制外，我国企业还受到其他因素的影响。一些国家的监管机构对我国企业的行为进行差异化对待，这些影响使得我国企业在海外经营中遭遇选择性执法。选择性执法不仅涉及执法领域，而且在其他领域尤其是对外投资、兼并收购领域同样存在。在"一带一路"建设过程中，我国企业不仅参与当地的基础设施建设，还越来越多地进行对外投资和兼并收购等业务，然而，由于合规问题，越来越多的并购案遭遇了选择性执法，导致收购失败。

2. 企业"走出去"面临经营驻在国差异化监管挑战

很多企业在"走出去"过程中只是简单地把国内做法照搬到海外，出现了"水土不服"的情况。例如，不同国家对于生产经营过程中腐败行为的内容及方式的规定存在差异，国内应该受到监管的行为在部分国家和地区却被视为正常的经营行为，这种现象时有发生。此外，企业海外经营过程中受贿行为的量刑、处罚标准以及司法管辖权等，都会因为项目所在国的制度特点而与本国存在差异。这些都要求中国企业在"走出去"的过程中，优化与更新既有的监管方式。

此外，文化及制度差异导致风险敞口增大。企业在境外开展投资经营活动，其风险敞口不仅与政策法律相关，更与企业所承担的

---

① 风险敞口是指在合规风险识别和评价的工作中对合规风险的一种形象表达，指一个风险在多大程度上会使相关企业裸露其中。

社会责任相关。所谓的社会责任包括但不限于环境、资源、劳工问题以及对当地的经济社会发展所负有的责任。我国企业在海外经营过程中，在社会责任方面的重视程度仍然较低，该风险敞口的增大将在很大程度上影响我国企业海外经营的可持续性。

3. 我国监管力度有待加大

企业合规建设需要各方面的资源投入，没有外部压力很可能缺乏足够动力，缺乏明确统一的监管尺度也会产生"劣币驱逐良币"的不良后果。从国家层面而言，有关部门的政策措施和制度规定正在不断完善。从企业层面而言，因企业的生产经营规模、文化背景以及所有制的差异，不同企业在廉洁合规建设水平上差异较大。社会组织尤其是企业联合会以及全国企业合规委员会更多地也是帮助企业增强合规意识，缺乏一套系统的可引导以及可操作的廉洁合规管理操作指南。基于此，构建一套符合我国企业实际、国际通行的廉洁合规评价体系则显得尤为重要。

此外，我国监管部门在加强合规监管能力建设方面仍有待提高。我国的治理体系中尚未完全将合规监管作为重要的常态化监管措施。通过确立合规管理标准、实施合规评估与检查等动态监管举措，以及惩罚、激励和指导等多种手段可促进企业加强合规管理。所以，研究制定合规标准和指引文件、明示必须达到的底线和不可以逾越的边界、提高企业对监管行为的可预期性，是当前政府需要考虑的重大课题，对提振企业信心、鼓励企业在合规前提下大胆创新发展具有重要意义。

| 3 |

企业廉洁合规评价相关指数

开展企业廉洁合规建设的重点在于有据可依，能够以量化的方式构建指南层面的评价体系。结合国内外已有的经验与做法，构建一套评价体系对于推进企业廉洁合规建设具有重要的指导意义。因此，本章将全面梳理国内外有关评价体系的指标内容及方法。目前，国内外有关企业以及反腐败主题相关的评价指数较为丰富，但是针对企业廉洁合规的评测仍较为缺乏。根据评价主体的分类，本书通过对与该主题相关的国内外评价方法、内容的梳理，总结现有评价指数中数据采集及评价等方面的优缺点，以期为构建一套"立足中国、国际通用、客观科学"的廉洁合规评价指数提供实践参考。

3.1　国际机构评价与管理体系

本书基于相关度对现有的评测体系进行了筛选，发现在包括政府间组织以及非政府组织在内的国际组织中，世界银行的《全球营商环境报告》较为接近企业廉洁合规的评价主题。此外，相关商业机构也建立了相关主题的评测体系，较具有代表性的是Trace 的全球商业贿赂风险指数和以 ESG 为主题的相关企业评价体系。与此同时，在反贿赂方面也有以 ISO 37001 为代表的反贿赂管理体系。

3.1.1 《全球营商环境报告》

《全球营商环境报告》是一份关于各国和区域营商环境的研究报告。企业环境是市场主体在进入、生产、经营、退出等过程中所涉及的各种外部环境的总和。该报告旨在促进各国的商业改革，从而实现可持续的经济发展。

营商环境指数是世界银行针对不同国家的小型企业经营状况制定的一项客观指标。《全球营商环境报告》从微观角度列取了开办企业、办理施工许可、获得电力、登记财产、获得信贷、保护中小投资者、纳税、跨境贸易、执行合同和办理破产十个指标，面向商界社会发放问卷，查阅每一个问题所对应的法律法规或规范性文件，以确保被测评经济体的相关举措具有约束力，最后以打分的形式给予评价。

我国政府为优化营商环境进行了一场深刻的体制改革和制度创新。相关部门颁布了第一部有关营商环境的专门行政法规，且进行了一系列法律调整，为优化营商环境提供了坚实法律保障。政府继续深化"放管服"改革，进一步推动简政放权、放管结合、优化服务，实现市场自由化，不断提振市场信心，激发内在动力和创新活力。

在世界银行公布的《全球营商环境报告 2020》中，我国营商环境排名跃居全球第 31 位，连续两年被世界银行评选为全球营商环境改善幅度最大的经济体之一，全球贸易便利程度比 2018 年上升了 32 个百分点，而 2019 年排名则上升到了第 15 位。世界银行表示，中国"积极推动改革计划"，连续两年名列全球最佳营商环境十强。

表 3-1 2018~2020 年全球营商环境部分国家得分与排名

国家	2018 年		2019 年		2020 年	
	得分	排名	得分	排名	得分	排名
韩 国	83.92	4	84.14	5	84.0	5
美 国	82.54	6	82.75	8	84.0	6
英 国	82.22	7	82.65	9	83.5	8
马来西亚	78.43	24	80.60	15	81.5	12
芬 兰	80.37	13	80.35	17	80.2	20
德 国	79.00	20	78.90	24	79.7	22
加拿大	79.29	18	79.26	22	79.6	23
哈萨克斯坦	75.44	36	77.89	28	79.6	25
俄罗斯	75.50	35	77.37	31	78.2	28
日 本	75.68	34	75.65	39	78.0	29
中 国	65.29	78	73.64	46	77.9	31
法 国	76.13	31	77.29	32	76.8	32
土耳其	69.14	60	74.33	43	76.8	33
意大利	72.70	46	72.56	51	72.9	58
印 度	60.76	100	67.23	77	71.0	61
南 非	64.89	82	66.03	82	67.0	84
巴 西	56.45	121	60.01	109	59.1	124

资料来源：笔者根据《2018 年营商环境报告：改革以创造就业》《2019 年营商环境报告：强化培训，促进改革》《2020 年营商环境报告》整理所得。

世界银行在 2001 年建立了全球营商环境评估项目，旨在通过年度《全球营商环境报告》为国际社会提供关于全球 190 个经济体营商环境的深入分析。自 2003 年首次发布以来，该报告对全球超过 100 个经济体的政策制定和营商环境改革产生了显著影响，推动了超过 3000 项的制度改革。然而，鉴于各经济体在制度、文化、发展水平等方面存在显著差异，采用单一标准对全球各经济体的营商环境进行评价存在一定局限性。因此，世界银行在 2020 年宣布暂停发布《全球营商环境报告》，并在 2021 年正式停止了营商环境报告和数据的运营，同时启动探索新的评估方法。

随后，世界银行发布了《宜商环境评估体系概念说明》，采取了全新的方法对商业和投资环境进行评估，标志着商业环境评估进入一个新的阶段。这一变革意味着世界银行运行了 17 年的"营商环境"（Doing Business，DB）项目将由新的"宜商环境"（Business Enabling Environment，BEE）项目替代。BEE 项目通过设定 10 个一级指标，即企业准入、经营地点、公用事业连接、劳动力、金融服务、国际贸易、纳税、争端解决、促进市场竞争和企业破产等，沿着企业的开业、运营、关闭全生命周期设计，以促进经济体改革，降低制度交易成本。

与 DB 项目的一级指标相比，BEE 项目在数量上保持一致，但在内容上进行了较大的调整。BEE 项目取消了 DB 中的"保护中小投资者"指标，增加了"促进市场竞争"的指标。除纳税和企业破产两项指标保持不变外，其他七项指标从名称到内容都经历了不同程度的变更。此外，BEE 项目还将 DB 项目的观察指标纳入一级指标，并新增了跨领域的指标，如数字技术和环境可持续性这些指标几乎融入每个一级指标中，强调了电子政务、在线服务、环境许可证和绿色税收等的重要性。在具体指标设计方面，BEE 项目在每个一级指标下统一设计了 3 个二级指标组，即监管框架、公共服务和整体效率，共计 30 个二级指标。例如，在"企业准入"指标下，涵盖了企业准入的监管质量、为开办企业提供的数字公共服务和信息透明度、企业进入的效率等 3 个二级指标；"劳动力"指标下包括劳动法规质量、劳动力市场公共服务的充分性、雇用劳动力的便利性等内容。

BEE 项目的核心目标在于推动经济体通过制度改革降低交易成本，提供一个可量化、可比较、可评价的制度交易成本评估体系。这不仅有助于明确各经济体在设立至清算全生命周期中面临的具体挑战，还能够持续改进并追求更优化的营商制度。通过细致的指标设计和数据收集，BEE 项目为全球经济体提供了一个新的视角，从而促进更高效、更透明和更可持续的商业环境的形成。BEE 项目的实施，反映了世界银行对于营商环境评估方法的持续创新和适应性调整。相较于原有的 DB 项目，BEE 项目不仅扩大了评估范围，涵盖了数字技术和环境可持续性等现代商业活动中日益重要的方面，也通过增加新的指标和细化现有指标，更全面地反映了一个经济体的商业友好程度。这种方法上的变革，意味着政策制定者和企业家将获得更为准确和全面的信息来引导其决策和改革，同时也为国际社会提供了一个更为综合的参考标准，以促进全球营商环境的改善和经济增长。

BEE 项目的推出引发了关于如何更有效评估和改善营商环境的广泛讨论。通过关注监管框架、公共服务和整体效率等关键方面，BEE 项目旨在提供更具可操作性的建议和指导，帮助经济体识别并解决影响企业全生命周期的具体问题。此外，BEE 项目的设计充分考虑了各经济体之间在制度、文化和发展水平上的差异，力图为不同背景下的改革提供适应性强、可定制的解决方案。

进一步来说，BEE 项目对于促进国际贸易和投资具有重要意义。BEE 项目有助于减少制度性交易成本，增加市场准入的便利性，以及提高公共服务效率，为全球市场营造一个更加开放和竞争的环境。这不仅能够吸引外资，促进技术和知识的转移，还能够激发本地企业的创新和增长潜力，从而推动全球经济的共同繁荣。世界银行 BEE 项目的推出标志着营商环境评估进入了一个新的阶段。通过提供一个更为全面和细致的评估框架，BEE 项目不仅有助于各经济体更好地理解和应对当前的商业挑战，也为全球经济的持续增长和可持续发展提供了坚实的支持。BEE 项目的进一步实施和优化，将在全球范围内促进制度创新和政策改革，为企业创造一个更加有利的营商环境。

3.1.2　全球商业贿赂风险指数

TRACE 是一个国际反贿赂领域的商业组织，它为全球范围内寻求第三方风险管理解决方案的商业实体提供支持。设立在美国并在加拿大注册的 TRACE，通过其两大分支——TRACE International 和 TRACE Incorporated——在五大洲开展业务，旨在提升全球商业环境的透明度。作为一个非营利商业协会，TRACE International 自 2001 年起便专注于为跨国公司及其代理机构提供反贿赂合规的支持，主要通过会员费维持运营，不依赖政府资金。TRACE Incorporated 自 2007 年开始提供第三方风险管理服务，旨在通过定制化的合规风险尽职调查，服务于会员以及非会员组织，在全球已完成超过 50 万次尽职调查。

在全球经济一体化的背景下，面对越来越严格的国际反贿赂法律法规，企业需要获取关于海外市场潜在贿赂风险的准确信息以确保合规。美国《反海外腐败法》自 1977 年起实施，其禁止企业对外国公职人员进行贿赂的立法原则已被多国采纳，促使全球商业实践中合规意识的提升。为响应这一需求，TRACE International 与兰德公司（RAND Corporation）合作开发了全球商业贿赂风险指数（TRACE Matrix），自 2014 年首发以来，它为企业提供了全面评估全球公共部门贿赂风险的详细信息。

TRACE Matrix 是基于对政府互动性质与程度、反贿赂法律的实施、公职人员财务透明度要求以及民间社会监督能力等因素的综合评估。该指数通过汇总并分析来自联合国、世界银行、世界经济论坛等国际组织的数据，为每个国家或地区赋予一个基于公共部门贿赂风险的评分，帮助企业在制定合规和尽职调查计划时做出更为明智的决策。

虽然 TRACE 在推动全球商业透明度和反贿赂合规方面发挥了重要作用，但其提供的服务和工具，如 TRACE Matrix，主要面向国家和地区层面的评估，而非针对单个企业。尽管如此，这一点对于企业在全球市场中制定合规策略仍具有参考价值。企业可以根据 TRACE 提供的信息和分析，针对特定市场的潜在风险制定相应的预防措施。

然而，重要的是，尽管 TRACE 提供的工具和服务对于理解和管理全球贿赂风险具有帮助，但企业在实施反贿赂管理体系时，还需考虑自身的特定情况和需求。合规是一个动态过程，要求企业不断地评估风险，更新和优化管理措施，以确保在不断变化的全球商业环境中维持其合规性和竞争力。

3.1.3　ISO 37001 反贿赂管理体系[①]

ISO 37001 反贿赂管理体系，作为国际标准化组织（ISO）在《反贿赂管理体系规范》（BS 10500）基础上发展而来的一个重要标准，为全球企业在反贿赂领域提供了一个统一的操作框架。该标准的制定得到了来自 28 个国家的反贿赂专家的共同参与，加上 16 个观察员国家和 7 个相关国家的协助，展现了其广泛的国际认可度与应用范围。ISO 37001 标准的核心在于帮助各类组织——无论是公共机构、私营企业还是非营利组织——在全球范围内有效预防、监控并处理贿赂问题，包括组织内部行为及其员工或业务伙伴所代表的行为。

ISO 37001 标准的实施范围广泛，它适用于所有类型、规模和行业的组织，旨在引导组织建立起一套有效的反贿赂管理体系。这一国际标准是着重对行贿行为的预防与管理，而非直接针对欺诈、洗钱等其他类型的非法行为。尽管如此，通过建立和实施该标准提出

---

① 反贿赂管理体系国际标准最早源自 2010 年 4 月英国颁布的反贿赂法——《2010 年反贿赂法案》，该《法案》自生效以来，被业界公认为"最严厉的反贿赂法"，并创设了"商业组织未能预防贿赂罪"的新罪名。为有效执行该《法案》，帮助组织有效实施反贿赂管理体系，英国标准协会（BSI）于 2011 年 11 月制定了《反贿赂管理体系规范》（BS 10500：2011）国家标准。基于该标准，英国于 2013 年向国际标准化组织 ISO 提出制定《反贿赂管理体系》的提议，为此，ISO 成立了专门的反贿赂项目委员会 ISO/PC 278，主要负责制定反贿赂管理体系标准。随着反贿赂管理体系 ISO 37001 国际标准的发布，ISO/PC 278 反贿赂管理体系项目委员会解散。2016 年，英国与中国等国家共同发起成立 ISO/TC 309 机构治理标准化技术委员会，负责机构治理指南、举报管理指南、反贿赂管理体系和合规管理体系等四个领域国际标准的研制及维护工作。2017 年 6 月，深圳在深圳市纪委的带领下率先将国际标准转换成深圳标准《反贿赂管理体系》（SZDB/Z 245-2017），在全市范围进行推广贯彻。

的管理制度和指导方针，组织能够在更广泛的范围内提升其合规性和治理质量。

ISO 37001 标准的实施基于四级模式，覆盖了风险评估、责任界定、监控制度的建立、执行和复审等多个方面。ISO 37001 标准明确了组织应采取的具体措施，如进行尽职调查、建立财务与非财务控制、规范礼品和款待的提供、要求商业伙伴遵守标准、建立举报渠道等，从而为组织在全面发现、预防和管理贿赂风险方面提供详细的指导。

ISO 37001 标准在定义行贿的范围时进行了扩展，不仅包括金钱和礼物等直接利益，也包括信息共享、责任豁免等隐性利益，从而扩大了防范与管制措施的覆盖面。同时，该标准强调企业不仅要在内部承担反行贿责任，也需对供应商、客户和员工等外部相关方负责，通过整个供应链的力量加强反行贿的社会意识。此外，在处理贿赂行为时，组织必须保留相关档案资料，确保这些资料的有效保护、使用和处置，为其反贿赂措施的合理性和有效性提供证据。

在中国，随着全球化进程的加速和国际贸易的增多，ISO 37001 标准对于提升中国企业的国际形象和竞争力具有重要意义。该标准不仅帮助企业建立起反贿赂的管理体系，与国际法规保持一致，还能够提升企业的商业信誉度，赢得国内外客户和合作伙伴的信任。通过 ISO 37001 认证，企业可以展现其对反贿赂承诺的坚定立场，从而在国际市场上获得竞争优势。

然而，ISO 37001 标准的实施并非没有挑战。尽管该标准为组织提供了一套反贿赂的管理框架，但仍需组织根据自身的实际情况进行具体实施和不断优化。此外，ISO 37001 标准的认证虽然可以提升组织的形象和信任度，但并不能完全消除贿赂风险。因此，组织在遵循 ISO 37001 标准时，需要保持持续的关注与改进，以确保反贿赂管理体系的有效性和可持续性。

3.1.4 环境、社会和公司治理评价体系

环境、社会和公司治理（ESG）评价体系是一个由商业机构与非营利组织共同创建的评价框架，旨在全面评价企业如何将其经营活动、商业模式以及组织架构与可持续发展目标紧密结合。这一评价体系针对企业在环境保护、社会责任和高效治理三大领域的表现进行量化，以反映其在促进可持续发展方面的绩效。随着全球对可持续发展目标的重视程度日益提升，ESG评价体系已成为企业评估自身在这些关键领域进步与否的重要工具，同时也为投资者、消费者、员工及其他利益相关方提供了判断企业可持续性的标准。

投资公司是ESG评价体系的主要使用者，它们通过这一体系评估各种基金和投资组合中企业的表现，从而做出更为明智的投资决策。随着环境、社会和治理因素在投资决策中的重要性日益增强，ESG评价体系已经成为决定资金流向的关键因素之一。此外，求职者、客户和其他利益相关方也越来越依赖ESG评价体系来评估企业的社会影响力，从而决定是否与之建立或维持合作关系。因此，ESG评价体系不仅促进了企业内部管理和运营的优化，也在市场上形成了推动企业向诚信、责任和可持续方向发展的强大动力。

全球范围内，虽然存在多个ESG评级机构，但绝大多数企业和投资公司倾向于与规模、影响力均较大的几家评级机构合作。这些机构包括机构股东服务公司（ISS）、穆迪公司（Moody's）、摩根士丹利资本国际（MSCI）、标普全球（S&P Global）以及Sustainalytics等。它们通过深入的市场分析和综合评估，提供了环境、社会与治理方面的全面评级服务，覆盖了全球数千家不同规模和行业的企业。它们的评级结果被广泛认为是衡量企业在可持续发展方面表现的权威标准。

ESG 评价体系包含标准的建立、信息的采集以及评分三个关键步骤。以 MSCI 为例，该机构在环境、社会和公司治理三大领域设计了多个子类目，并在每个子类目下进一步细分出具体的考核指标。这种评价体系的设计旨在通过详细的标准和细化的指标，精确评估企业在可持续发展方面的具体表现。通过广泛的信息采集和科学的数据分析，这一体系能够为企业提供 ESG 方面的详尽信息，帮助企业明确自身在可持续发展方面的优势与不足。

在信息采集方面，评级机构主要依赖于企业自行公开的信息，如年度报告、可持续发展报告及社会责任报告等。此外，评级机构还会利用媒体报道、行业分析报告及其他公开可获得的数据来增强评价的全面性和客观性。随着人工智能和大数据技术的应用，信息采集和处理的效率和精度得到了显著提升，使 ESG 评价更加科学和准确。

最终，根据收集到的信息和既定的评价标准，企业将被赋予一个综合评分，并根据这一评分在其所属行业中进行排名。这种评分和排名不仅反映了企业在环境保护、社会责任和治理结构方面的整体表现，还能够指导投资者进行责任投资，引导企业改进管理实践，促进整个市场的健康发展。ESG 评级结果的公开发布，进一步增加了企业的透明度，促使企业在追求经济利益的同时，更加重视对环境的保护、对社会的贡献和高效的治理结构。通过这一评价体系的应用，企业、投资者及其他市场参与者共同推动了全球经济向更加可持续和高质量的方向发展。

综上所述，国外围绕企业的相关测评指数与测评机构繁多，且部分指数和指数测评机构已经在业内外产生了重要的影响力，有效吸收这些机构的指标设计、数据采集以及评价方法，对于推动"立足中国、国际通用、客观科学"的企业廉洁合规评价体系具有重要的理论与现实意义。

3.2　国内机构评价与管理体系

国内关于企业的评测指标和体系内容颇丰。根据评价内容的分类，主要有企业经营类、企业治理类两大类。企业经营类指标主要有企业负担指数、中国工业指数等。企业治理类指标主要有企业信用指数、企业环境信息披露指数、企业透明度指数、中国短期出口贸易信用风险指数、上市公司社会责任能力成熟度指数、企业环境合规指数、交易透明度指数等。

3.2.1　企业信用指数

企业信用指数（Enterprise Credit Index，ECI）是通过利用先进的大数据技术，基于统计综合评估和指标原理，对企业的信用状态及其发展趋势进行量化分析的工具。该指数综合考虑了企业的各种经营活动和信用表现，采用权重综合指数的编制方法，将收集到的庞大数据进行汇总、分析、处理，以此反映企业的整体信用状况。企业信用指数分为综合指数、企业指数、行业指数三大板块，为不同层面提供了详尽的信用评估，从而为企业、投资者、监管机构等市场主体提供了宝贵的信息资源。

随着经济全球化和市场经济的发展，企业信用指数已经成为衡量企业是否严格落实相关政策法规的重要工具，它不仅指导企业向诚信经营的方向发展，还动态地展现了我国企业信用建设的整体发展趋势。通过对企业的持续监测和评估，该指数加强了对市场经营者的督导与教育作用，鼓励企业完善内部制度管理，倡导诚信自律和规范经营，从而推动企业的可持续发展，并为营造一个公平、透明的市场环境做出了重要贡献。

企业信用指数的应用不仅促进了信用奖惩制度的完善，实现了对守信企业的奖励和对失信企业的惩戒，还有效维护了市场秩序的稳定。通过对企业信用状态的量化评估，市场主体能够更加明智地做出投资和合作决策，提升市场的信任度和交易的安全性。此外，该指数的广泛应用还有助于增强企业的信用意识，促使其在竞争中注重信用建设，以诚信赢得市场和消费者的认可，进一步推动经济的健康发展。

随着企业信用指数及其研究报告的普及，各行业和企业能够根据指数结果进行有针对性的预警和调整。这为企业和行业管理提供了科学的指导和参考，使企业能够及时发现潜在的风险，采取有效的措施进行规避或改进，保证企业经营的稳健性和持续性。同时，企业信用指数的应用也为政府监管和政策制定提供了数据支持，有助于形成更加全面和细致的监管策略，为市场经济的健康运行奠定了坚实的基础。

3.2.2 企业环境信息披露指数

企业环境信息披露指数由复旦大学环境经济研究中心公布，是一个针对主要污染行业上市公司环境信息公开程度的评价体系。该体系围绕愿景、经济状况、治理情况、排放状况以及碳指标等五个核心方面展开，旨在全面评估企业在环境保护方面的透明度和责任。通过细分的 20 个二级指标，该评价体系为企业环境信息的披露提供了一个详尽的框架，促进企业提高环境管理和信息披露的标准。

该指标的建立旨在促进企业在环境信息公开方面的自我提升。通过对企业环境信息披露的综合分析和评价，该指标揭示了不同行业、不同企业在环境信息披露方面的现状和差异。这样的评价机制不仅帮助公众和投资者更好地理解企业的环境行为和管理水平，也鼓励企业之间形成良性竞争，推动环境管理和信息透明度的整体提升。

通过年度比较和分析，企业环境信息披露指标还能够动态地监控企业在环境保护方面的进步与退步。这种动态的比较机制为企业提供了持续改进的动力，促使其不断优化环境管理策略，提高环境信息披露的质量。此外，该指标还为政策制定者和研究机构提供了宝贵的数据，帮助他们更好地理解企业环境信息披露的趋势和挑战，从而制定更加有效的环保政策和研究方向。

企业环境信息披露指标的建立和应用，不仅促进了企业环境透明度的提升，还为绿色经济与金融领域的发展贡献了力量。通过构建统一的企业环境信息公开数据库，该指标为相关研究和政策制定提供了规范和数据支持，推动了绿色金融产品的创新与发展。此外，它还为投资者提供了重要的参考，帮助他们在投资决策中考虑企业的环境绩效，从而促进资本向更加环保和可持续的企业流动，推动整个社会向绿色转型迈进。

3.2.3 企业透明度指数

企业透明度指数是一种衡量企业在信息披露、传递以及与公众沟通过程中透明度水平的综合性指标。随着经济社会的发展，公众对企业经营活动的透明度有了更高的期望。这种透明度不仅涉及企业经营的基本情况，还包括企业的社会责任实践、环境保护措施以及其他对公众利益可能产生重大影响的活动。企业透明度的提高有助于增进公众对企业的理解和信任，通过更精确和明确的信息披露，使公众能够更好地理解企业运营和投资项目对社会和环境的影响，从而减少误解和疑虑，促进企业与社会的和谐共生。

企业透明度指数的构建和应用，由多个专业机构共同参与。该指数以中国的领先企业为评估对象，从多个维度全面解读企业对公众的透明度。评估的维度包括信息需求的识别、信息的有效编码、披露的时效性、受众的覆盖范围、信息的二次传播能力以及最终对受众的说服力等。这些维度共同构成了对企业透明度的全方位评价体系，不仅关注信息披露的数量和质量，还重视信息传递的效率和效果。

在实际应用中，企业透明度指数揭示了不同地区、不同类型企业在公共信息披露方面的差异。一般来说，信息公开的程度和能力在不同地区之间存在明显的梯度差异，而且上市公司通常在公开透明度方面表现更好。这种差异反映了企业在资源配置、管理关注以及对外沟通策略方面的不同。此外，企业透明度指数还反映企业在响应公共需求、处理负面事件方面的处置能力，提示企业在提高透明度的同时，也需要加强与公众的互动和沟通，以更有效地应对可能产生的挑战和危机。

在全球化的背景下，企业透明度指数对提升中国企业的国际形象和竞争力具有重要意义。随着中国企业"走出去"的步伐加快，如何在国际舞台上建立和维护良好的企业形象，如何有效地与全球消费者和投资者沟通，成为企业发展的重要任务。企业透明度指数不仅促进了企业内部的信息管理和公开透明度的提升，也为企业在国际交往中的沟通提供了参考和指导，帮助企业建立起更加积极、透明和负责任的国际形象，加强与世界各地消费者、投资者及合作伙伴的信任和联系。

总之，企业透明度指数作为一种衡量和评价企业在信息披露和公众沟通方面透明度的工具，不仅对提升企业自身的管理水平、增强公众信任具有重要作用，同时也对企业社会责任的实践、提升企业的国际竞争力产生积极作用。通过不断优化和应用这一指数，企业与社会能够构建更加紧密的互动，共同推动经济社会的可持续发展。

3.2.4 中国短期出口贸易信用风险指数

该指数是衡量出口企业和金融机构的信贷风险程度的一个重

要指标。面对全球经济环境的持续变化，特别是在 2008 年全球金融危机的冲击下，国际贸易的不确定性日益增加，如何防范和化解国外信贷风险已成为"走出去"战略的一个重大问题。因此，正确认识和把握对外贸易信贷风险的发展方向，充分揭示、防范和降低对外贸易中的信贷风险，是当今世界各国普遍关心的问题。中国出口信用保险公司（以下简称"中国信保"）发布中国短期出口贸易信用风险指数（ERI），不仅对中国出口企业、国内金融机构，也对中国信保的出口信贷服务产生了积极的影响。

ERI 是衡量主要贸易国家、区域、重点出口企业的信贷风险变化的一个重要指标。ERI 运用指数计分方法，从中国短期出口贸易的主要贸易国（地区）和重点出口行业的视角，分别反映海外进口商（买家）整体信用风险及其变化趋势。根据量化分析的结果，将信贷风险分为 A、B、C、D、E 五个级别（按信用级别由高到低，见表 3-2），并对运行趋势进行预测。ERI 以中国银行长期积累的相关业务数据为基础，结合国际、地区、行业、交易主体等多个方面，充分借鉴了现代指数编制的理论，运用统计、计量等相关数理手段，保证了指数编制原理和方法的科学性、先进性、准确性。在此基础上，ERI 在指标体系中基本上实现了横向、纵向的对比，能够比较不同国家、不同行业的短期信贷风险水平，以及不同国家、行业的短期信贷风险发展历程，具有先进性和预警功能。

表 3-2　ERI 信用级别

信用水平	ERI	定义
A	>105	宏观经济形势、行业需求与贸易环境等良好；贸易政策稳定性很高；企业整体的付款能力极强，基本不受不利经济环境的影响，违约风险极低

续表

信用水平	ERI	定义
B	100~105	宏观经济形势、行业需求与贸易环境等较好；贸易政策变动性很小；企业整体的付款能力较强，较易受不利经济环境的影响，违约风险较低
C	95~100	宏观经济形势、行业需求与贸易环境等总体尚可；贸易政策的变动性较大；企业整体的付款能力一般，受不利经济环境的影响较大，违约风险一般
D	90~95	宏观经济形势、行业需求与贸易环境等整体较差；贸易政策变动较大；企业整体的付款能力较弱，受不利经济环境的影响很大，违约风险较高
E	<90	宏观经济形势、行业需求与贸易环境等整体很差；贸易政策变动频繁；企业整体的付款能力极弱，受不利经济环境的影响极大，违约风险极高

资料来源：中国信保。

3.2.5　上市公司社会责任（CSR）能力成熟度指数

中国上市公司的 CSR 成熟性评估是对深圳、上海两个股票交易所上市公司进行的关于 CSR 能力的评估与分析，共涉及 2805 家公司。该指数的数据来源主要包括国泰安数据服务中心、"Wind 资讯"中涉及的企业年度报告、企业社会责任报告、企业官方网站等。国泰安数据服务中心的中国上市公司研究系列数据库，收集了近几年中国上市公司的相关基础资料，主要包括企业规模、上市时间、盈利情况、成长性信息、公司治理信息等。"Wind 资讯"则包含大多数关于中国公司的研究报告。

企业年度报告、企业社会责任报告、企业官方网站是披露企业社会责任信息的重要平台和载体，企业年度报告主要披露企业财务方面的信息，企业社会责任报告披露企业在社会责任领域的管理实践信息，企业官方网站则及时披露了大量的企业新闻和产品服务信息。因此，企业年报、CSR 报告、官网等数据，基本上涵盖了企业的全部财务和非财务数据。

中国上市公司的 CSR 能力成熟度评价技术路径主要由评估模型、指标构建、赋值赋权、评价实施和评价分析五大部分组成。该评价在重新认识公司社会责任及其界限的基础上，构建了"1+1+4"钻石模型。根据企业社会责任能力成熟度评估的理论模式，在总结现有企业社会责任指标体系、标准体系、案例体系和实践经验的基础上，建立了企业社会责任能力成熟度指标。在此基础上，通过运用专业方法，分别考察了一级、二级、三级指标的相对重要性，确定三个层次指标的权重，形成企业社会责任能力成熟度评价体系。在构建的 CSR 成熟度评价体系的基础上，经过前期准备、信息收集、信息审核、数据分析四个阶段进行评估，最后得出中国上市公司 CSR 成熟度评价的结论。上市公司社会责任能力成熟度评价分为五个级别，具体见表 3-3。

表 3-3　上市公司社会责任能力成熟度分级

级别编号	级别名称	基本特点
I	无能级	缺省无序
II	弱能级	启蒙跟随
III	本能级	整合赶超
IV	强能级	优化提升
V	超能级	创新拓展

3.2.6　企业环境合规指数

企业环境合规指数是评估公司环境行为规范的重要指标，它不仅能确定公司的环境行为实施程度，还能预测公司行为是否遵守环境法规。该指数通过将环境风险转换为一个统一、动态、可比较且易于理解的数值，使企业能够与其他公司进行比较。这种比较有助于企业识别管理中存在的问题并进行调整和改进，从而优化其环保治理策略。企业环境合规指数反映了企业在环境法规管理方面的水平及发展趋势，通过量化、分析和比较环境合规性风险，评价企业环境管理的成效和改进方向。

对企业管理层而言，企业环境合规指数具有重要的意义。它要求公司管理层负责确保遵循环境规定。如果企业环境合规指数低，这可能意味着公司在遵守法律法规方面存在不足，从而增加了承担环境责任的风险。通过利用企业环境合规指数，企业管理层可以分析环境法规中的风险点和漏洞，并采取措施进行及时纠正，确保企业的环境行为符合规定。

对监管部门来说，企业环境合规指数提供了一种有效的监控工具。通过该指数，监管部门能够实时掌握企业的合规情况，及时发现经营中的不足，并据此优化合规性风险管理和提供针对性指导。这不仅体现了监管导向的价值，还能帮助监管机构更准确地识别和定位监管重点，采取恰当的监管措施。通过将内部监管和外部监管有效结合，可以调节监管部门与企业间的规则，实现高效互动。

企业环境合规评价体系包括体系性指标、环境友好度指标、资源效用指标、负面评价指标及合规文化建设指标（见表3-4）。该指标体系基于系统性、重要性、可比性、可操作性、定性与定量相结合的五大原则构建，旨在提供一个全面、客观且有效的环境合规评价框架。虽然某些评价指标可能无法完全覆盖企业的所有环保行为，但它们能够反映企业日常经营活动的系统性和动态变化，为企业提供一个从定量和定性两方面评价其环保行为的有效工具。

表 3-4 企业环境合规评价体系

一级指标	二级指标	单位	指标性质
体系性指标	是否落实环保责任制	—	定性
	是否执行合规性评价	—	定性
	环境管理体系认证	—	定性
	能源管理体系认证	—	定性
环境友好度指标	废气排放合规率	%	定量
	固废处理合规率	%	定量
	废水排放合规率	%	定量
	噪声值合规率	%	定量
	是否进行清洁生产	—	定性
资源效用指标	单位面积耗电量	千瓦时/平方米	定量
	单位面积耗水量	万立方米/平方米	定量
	节能技改资金投入	万元	定量
	产品回收收益率	%	定量
负面评价指标	外部监管违规次数	次	定量
	公众投诉次数	次	定量
	环境信用评价	—	定性
	黑名单	—	定性
合规文化建设指标	员工的环境合规意识	—	定性
	环境合规培训率	%	定量

3.2.7 交易透明度指数

交易透明度指数（ETI）主要针对软件和信息服务行业，是一个创新的度量工具，旨在动态评估企业在交易信息透明度和交易活跃度方面的表现。这一指标的开发，是对当代经济环境中企业透明度和活跃度增长需求的回应。交易信息透明度涉及企业如何频繁、充分以及真实可信地披露其交易信息，包括但不限于合同条款、交易量、价值及参与各方的权利和义务。交易活跃度则从企业的交易频率、市场参与度以及交易质量等方面提供了度量，直接反映企业在市场上的活力和竞争力。

ETI 的设计理念认为，一个企业的交易透明度和活跃度是其商业成功的关键驱动力之一。交易透明度不仅有助于建立和维护投资者、客户和合作伙伴的信任，还能够降低交易成本，减少欺诈和腐败的风险，从而提升整个市场的效率和公平性。同时，交易活跃度显示了企业的市场敏感度和适应能力，是评价其市场地位和发展潜力的重要指标。因此，ETI 通过量化这些维度，为企业管理层、投资者、政策制定者以及研究人员提供了一个关于企业绩效的全面且客观的视角。企业交易透明度指数是各分项指数的综合反映：

$$ETI = BI + FI + XI + AI + C$$

参数示意：

BI—基础信息透明度指数；

FI—财务信息透明度指数；

XI—交易信息透明度指数；

AI—评价信息透明度指数；

C—常数项。

ETI 包括几个关键的子指数，它们分别是基础信息透明度指数、财务信息透明度指数、交易信息透明度指数和评价信息透明度指数以及一个常数项。基础信息透明度指数关注企业披露的一般性信息，如公司治理结构、所有权和管理团队等。财务信息透明度指数则专注于企业财务状况、盈利能力、资产负债情况等的公开程度。交易信息透明度指数评价企业如何披露与其核心业务活动直接相关的信息，例如合同条件、交易伙伴和交易量。评价信息透明度指数则衡量企业对外公布的评价和反馈信息情况（如客户满意度、市场声誉和第三方评审结果）的透明度。

在实际应用中，ETI 的综合性质使其成为评价企业整体交易行为表现的有力工具。通过对这些不同维度的分析，企业可以识别出自身在透明度和活跃度方面的优势和劣势，从而采取相应的策略来改进其市场表现和提升竞争地位。如果一个企业在财务信息透明度指数上得分较低，那么它可能需要重新考虑其财务报告的公开策略，以增加透明度，提升投资者和市场的信心。同样，如果交易活跃度指数低，表明企业在市场上的活动相对较少，企业管理层可能需要探索新的市场机会或改善其产品和服务以提高交易频率和质量。

3.3　相关指数的比较与分析

对国内企业而言，企业廉洁合规既"熟悉"又"陌生"。"熟悉"是因为该项工作的部分内容已经在企业经营管理过程中运行相当长的时间，"陌生"是因为随着该项工作的重要程度逐步加深，需要针对该项工作提出新的工作框架与工作办法。针对国内机构已有的评价体系（见表3-5），不难发现国内关于企业测评的体系与指标众多，结合本研究对相关主题的梳理可以看出，已有的研究在指标的选取、切入的角度以及数据的分析比较方面与企业廉洁合规的主题契合程度仍然不够。例如包括企业信用、企业社会责任等在内的国内企业的评价体系，确实能够在一定程度上反映企业在该主题和视角的部分表现，但是仍然缺乏一套能够结合评价标准给出操作指南以及改进手段的全流程、全要素的评价体系。这也说明制订一套关于廉洁合规工作水平测评方案的紧迫性与重要性。

表3-5　国内机构评价体系汇总

指标名称	评价内容	评价机构	评价方法	评价对象
企业信用指数	企业信用状态和发展趋势	中国企业联合会、中国企业家协会	加权综合指数编制	国务院国资委监管的98家中央企业

指标名称	评价内容	评价机构	评价方法	评价对象
企业环境信息披露指数	愿景、经济、治理、排放以及碳指标	复旦大学环境经济研究中心	综合分析框架	上海证券交易所旗下 14 个重污染行业的 172 家上市公司
企业透明度指数	信息需求识别率、信息编码有效性、信息披露时效性、传播对象覆盖率、二次传播率、受众说服率	中国企业管理研究会社会责任与可持续发展专业委员会、中国工业经济联合会中国工业企业社会责任研究智库和北京融智企业社会责任研究院	综合指数模型	中国 100 强企业（从中国企业联合会、中国企业家协会发布的 2018 年中国企业 500 强榜单中选取的前 100 强企业）
中国短期出口贸易信用风险指数	海外进口商（买家）整体信用风险及其变化趋势	中国出口信用保险公司	指数评分	重点国家（地区）与行业
上市公司社会责任能力成熟度指数	企业社会责任能力	中国企业管理研究会社会责任专业委员会	"1+1+4"钻石模型	上海证券交易所和深圳证券交易所上市的 2805 家公司
企业环境合规指数	企业环境合规信息披露	广东省可持续发展研究会合规专委会	综合指数分析模型	上市公司排污企业
交易透明度指数	交易信息透明度和交易活动活跃度	北京软件和信息服务交易所	度量模型	软件和信息服务业企业

通过梳理与企业廉洁合规主题相关的指数，可以清楚地看到，企业廉洁合规评价体系的构建主要存在以下三个方面的突出问题。

3.3.1　既有的评价内容及角度在全面性方面有所欠缺

目前在国际上具有较大影响力的评价体系，多数以西方国家的法律法规以及公司治理准则作为评价标准构建的前提。这些评价标准在处理我国企业合规经营出现的问题时会出现评价不匹配、评价不准确的问题。首先，不同的评价机构和评价人员对企业合规评价的侧重点不同，可能会导致评价结果不够全面和客观。例如，有些评价机构可能更注重企业是否遵守法律法规，而忽略了企业是否符合行业规范或履行社会责任等方面的评价。其次，评价标准和评价指标可能不够详细和科学，无法全面反映企业的合规情况。有些评价标准和指标可能比较笼统，难以针对具体问题进行评价。同时，有些评价标准和指标可能过于主观，不够客观和科学。最后，评价方式可能比较单一，无法全面反映企业的合规情况。有些评价机构可能只采用问卷调查或者现场检查等方式进行评价，而没有采用其他有效的评价手段。

3.3.2 既有的评价指数的科学性、有效性及客观性都有待提升

当前某些企业合规评价体系中的评价标准可能过于抽象或不符合企业业务实际情况，难以指导企业实现合规目标。以某非政府组织发布的企业透明度报告来看，这些评价体系的科学性、有效性都备受争议。尤其是在指标构建、选取以及权重的分配等核心问题上并没有完全公开方法及依据，这对其指标的客观性也会造成较大影响。另外，大部分指标的测量方法以及数据来源都过于单一，这些都会对指标的科学性、有效性以及客观性产生一定影响。不同行业可能有特定的法规和标准，例如医疗行业的健康保险可移植性和责任法案（Health Insurance Portability and Accountability Act）或金融行业的萨班斯·奥克斯利法案（Sarbanes-Oxley Act），企业合规评价体系需要考虑这些特定法规和标准。不同行业也有不同的惯例和实践，例如医疗行业中隐私保护和信息安全的要求更高，而制造业中环境保护和产品质量的要求更为重要，企业合规评价体系需要考虑这些行业特定的惯例和实践。

3.3.3 国际评价体系与我国本土企业不兼容

不论是世界银行的营商环境报告还是对于企业廉洁合规中涉及的企业透明度指数调查，这些评价体系与评价指标都是基于西方价值观构建的。在实际评价与分析过程中，这些评价体系对我国反腐败相关的评价以及我国企业在廉洁合规方面工作评价都存在主观偏见，缺乏客观性。

在设计企业合规评价体系时，需要考虑行业、地域等特定因素，并根据这些因素制定相应的评价标准和指导措施。同时，需要不断关注行业和地域的最新动态，及时更新评价标准和指导措施，以确保企业合规评价体系的针对性和有效性。因此，构建一套符合当下企业公司治理规则、客观反映公司实际运营状况，采用定性与定量研究相结合的数据分析方法且数据来源渠道多样化的指标体系则显得尤为重要。

| 4 |

各国政府及国际组织合规管理要求

世界各国，尤其是发达国家对企业腐败治理都做了较为系统和长期的探索，形成了对廉洁合规较为全面的评价方案。一方面，相关国家通过合规管理来规范和约束本国企业；另一方面，有关国家也通过包括合规管理机制在内的规定与法律来规制域外国家的经营与投资行为。因此，在构建我国的廉洁合规评价机制过程中有必要对具有相关域外国家的体制机制进行了解与归纳。同时，也要对包括世界银行在内的有关国际组织在该领域内提出的治理规则以及处罚措施进行梳理和总结。

4.1 美国

美国是全球较早开展企业合规建设的国家之一。美国的合规管理最早可以追溯到 20 世纪 60 年代企业为避免反垄断处罚而实施的合规措施。后来合规理念传播到金融业，银行采取合规措施以预防员工因违法给银行带来损失，因此金融业成为较早成熟的合规领域。20 世纪 90 年代，美国颁布适用于所有行业的《组织量刑指南》，规定企业在设立有效的合规体系下可以被减轻处罚，这激励了企业积极采取合规措施以满足指南的要求。目前，对美国企业合规的关注主要集中在《反海外腐败法》《萨班斯法》等法律上。

1977 年美国的《反海外腐败法》具有域外适用的效力（"长臂管辖原则"），禁止美国境内外的企业对外国公职人员行贿。美国司法部和证券交易委员会负责执行这部法律。以下内容聚焦于美国司法部对公司合规评价机制内容的设定。

4.1.1 公司合规计划评估

美国司法部（United States Department of Justice）在 2017 年发布了第一版《公司合规计划评估》（Evaluation of Corporate Compliance Program，ECCP），并分别在 2019 年、2020 年、2023 年进行了 3 次更新。美国司法部的企业合规计划的关键主题有以下三个方面：合规计划的设计与实施、合规文化与领导力、风险评估与管理。这些是确保企业合规性和道德行为的基石，也是美国司法部在评估企业合规机制时重点考虑的内容。

1. 合规计划的设计与实施

美国司法部强调企业必须拥有经充分设计并有效实施的合规计划。这意味着合规计划不仅需要在纸面上符合法规要求，还需要在实际操作中得到执行。有效的合规计划应包括清晰的政策和程序，这些政策和程序应能够解决企业特定的风险点和满足合规要求。此外，合规计划应包括培训和沟通策略，确保所有员工都了解相关政策和法规要求，以及他们在合规工作中的职责。合规计划的一个关键组成部分是内部控制和监督机制。这包括定期的合规审查和审计，以及有效的报告渠道，让员工能够安全地报告潜在的不当行为或合规问题。美国司法部特别关注企业是否采取了适当的步骤来纠正发现的合规问题，并对违规行为进行适当的纪律处分。

2. 合规文化与领导力

美国司法部认为强大的合规文化和高层领导的支持对于有效的

合规计划至关重要。企业领导层需要以身作则，从而为全公司树立正确的"从上至下"的合规典范。这意味着高层管理人员不仅需要明确表达对合规的重视，还需要通过实际行动，如参与合规培训和决策过程，来展现对合规要求的践行。除高层领导的积极参与外，构建一个鼓励员工报告合规问题的开放环境也同样重要。这样的环境可以通过确保反馈机制的可靠性和匿名性、对报告问题的员工进行保护等措施来实现。美国司法部特别强调企业需要有效处理内部报告的合规问题，确保不会因为报告问题而对员工产生不利影响。

3. 风险评估与管理

风险评估是构建有效合规计划的基础。美国司法部要求企业定期进行全面的风险评估，以识别和分析企业面临的合规风险。这包括考虑企业的业务模式、行业特点、地理位置、客户和交易伙伴等因素。在识别出合规风险后，企业需要制定和实施有针对性的控制措施和程序，如加强内部控制、改进监督机制、调整业务流程等，以最大限度降低发生风险的可能。同时，企业还需要定期重新评估其风险环境，并根据新的风险点和外部环境的变化调整其合规计划。此外，企业的合规计划还需要具备灵活性和适应性，能够响应合规环境的变化和企业内部发展的需求。这意味着合规计划不是一成不变的，而是一个持续发展和改进的过程。

在进行风险评估和管理时，美国司法部还特别关注企业对其合作伙伴和第三方的监督。鉴于第三方行为可能给企业带来合规风险，美国司法部原则上鼓励企业对其供应商、代理商和其他业务伙伴进行适当的尽职调查，并在必要时对这些第三方实施合规监督和培训。

总体来说，美国司法部在评估企业合规机制时，会综合考量合规计划的设计与实施、合规文化与领导力的支持，以及企业如何进行风险评估与管理。这些要素共同构成了一个有效合规计划的核心，目的是确保企业能够识别、预防、检测和纠正潜在的不合规行为，最终促进企业的合规性。通过上述审查，美国司法部旨在推动企业建立更加健全、透明和负责任的合规环境，以防范和减少违法违规行为，维护公众利益，同时也保护企业自身的长远发展。

2023年1月，美国司法部发布《公司执法和自我披露政策》后，又于3月对ECCP进行了第三次修订与更新，重点增加了薪酬结构和后果管理，以及如何管理员工使用个人设备、第三方通信平台以及应用程序的指引内容。这一更新是美国司法部《公司合规计划评估》持续发展的最新体现，对检察官办案和公司优化合规计划均具有重要指导意义。

4.1.2 美国财政部海外资产控制办公室（OFAC）合规承诺框架

美国财政部海外资产控制办公室（OFAC）于2019年5月2日公布了《合规承诺框架》（以下简称"OFAC框架"）。该框架鼓励基于风险的合规机制，并根据五个合规必要因素——管理层承诺、风险评估、内部管控、测试与审查、培训——来评估这些机制。

美国司法部关于公司合规机制的最新指南应被视为美国政府迈向日益严格的合规机制的后续举措。该举措始于美国《量刑指南》第21.S.S.G.s8B2.1条"有效合规和职业道德机制"，该规定导致政府使用公司监事作为与公司达成辩诉和其他协议的一部分。美国司法部和美国证券交易委员会于2012年发布的《美国反海外腐败法资源指南》（A Resource Guide to the U. S. Foreign Corrupt Practices Act）中规定了合规指南，美国司法部还于2017年发布了合规指南文件。如今美国司法部的最新指南和OFAC框架将合规机制推向了高潮。

美国政府对合规机制的关注不断增加。实际上，美国司法部的新指南是将合规机制的设计、资源分配和实施等问题交给了公司管理层和董事会来做出决定。从某种层面上看，公司管理层和董事会可能是承担这一决定责任的"合适"人选，但当有问题发生时，美国司法部和其他监管部门仍保留评估该决定"合理性"的优势。

该指南表明，美国司法部越来越关注公司如何构建和实施其合规机制。美国司法部在评估公司合规机制时会优先考虑以下关键因素：

（1）定期进行风险评估并基于经验教训持续改进和更新合规机制；

（2）根据公司最新的风险情况适当调整合规机制（包括规模、行业、地理位置和监管环境）；

（3）高级和中级管理层、董事会及关键"把关人"参与并接受合规培训。

与此同时，美国的《反海外腐败法》也是美国在合规管理过程中出台的一项重要法律。美国《反海外腐败法》规定，禁止向外国官员行贿以协助获得或保留业务。这条规定可适用于世界任何地方，并适用于上市公司及其高级职员、董事、员工、股东和代理人。《反海外腐败法》还规定发行人要保持准确的账簿和记录，并建立内部控制系统，以便（除其他外）提供合理保证。也就是说，交易执行和资产是根据管理层的授权进行访问和核算的。同时，《反海外腐败法》明确了违法者的法律责任，规定了民事和刑事两个方面的制裁措施。在民事诉讼中，美国司法部和证监会可以对行贿者提起诉讼，提出最高1万美元的罚款。对于刑事案件，司法部享有排他性管辖权，对于"每次"违反反贿赂条款的行为，可以要求对企业处以最高200万美元的罚款（对于某些故意违反者，可处以最高2500万美元的罚款），对个人处以最高10万美元罚款（对于某些故意违反者，可处以最高500万美元罚款）和/或5年以下监禁（对于某些故意违反者，处以 20 年以下监禁）。针对个人的罚款，雇主不得以任何形式进行支付或者补偿。

4.2 英国

英国的《反贿赂法》（UK Bribery Act）于 2010 年 4 月通过，2011 年 7 月生效，成为英国在反贿赂法律框架中的一个重要补充。该法律涵盖了六个部分和二十条规定，旨在定义和打击贿赂行为，覆盖了贿赂犯罪的一般性规定、贿赂外国公职人员、企业未能预防贿赂行为、起诉和惩罚等关键领域。在国际反腐败组织和英国国内反腐败组织的共同推动下，这一立法应运而生，以应对日益严峻的贿赂和腐败问题。在合规方面，英国司法部明确了有效的合规体系应当符合的六项基本原则[①]：

（1）清楚、可操作、可获得和有效执行的程序，应当与企业面临的风险、经营活动的性质、规模和复杂程度成比例（适当的程序）；

（2）企业管理层承诺制止贿赂行为，在企业内部传播反腐败文化（企业高层的承诺）；

（3）评估企业面临的外部和内部潜在贿赂风险的性质和范围（风险评估）；

（4）企业为了减少识别到的贿赂风险，采取适当的以风险为基础的方法，使用尽职调查程序（尽职调查）；

（5）企业确保反腐败政策和程序嵌入企业对内对外的沟通中，并且被理解（沟通）；

[①] 资料来源：https://www.sfo.gov.uk/publications/guidance-policy-and-protocols/guidance-for-corporates/evaluating-a-compliance-programme/#_ftn11。

（6）企业监督和评价反腐败程序，必要时进行改善（监督与评估）。

这些操作是英国司法部要求企业遵守的六项基本原则，目的是预防和打击腐败行为，保护企业和员工免受腐败的危害。这些要求是反腐败工作的基本要素，对于企业来说是非常必要的。

《反贿赂法》的出台被视为英国政府在国际反腐败法律体系中对先前较为宽松法律框架的重要改进。法律规定对所有在英国注册及在国外注册但与英国有商业往来的个人和企业都有约束力，显示了其对跨国贿赂行为的广泛适用性。法律后果包括对违法个人（和企业）的罚款、监禁以及对企业声誉和商业活动的潜在危害，凸显了英国政府打击贿赂行为的决心。

然而，《反贿赂法》在执行过程中也面临一些挑战。尽管法律旨在提升商业交易的公正性和透明度，但其广泛的适用性和严格的规定也引起了一定程度的业界担忧，特别是对于跨国企业来说，如何确保全球业务遵守英国的《反贿赂法》仍然是一个挑战。此外，法律对于"合理的款待"与贿赂之间的界限并未给出明确的定义，这在实际操作中可能导致解释上的模糊和执行上的不确定性。

为了应对这些挑战，《反贿赂法》提出了六个合规原则，旨在指导企业建立有效的反贿赂管理措施。这些原则要求企业根据自身的风险、活动性质、规模和复杂程度，制定和执行适当的反贿赂程序，包括进行风险评估、尽职调查、内外部沟通以及监督和评估等。尽管这些原则为企业提供了一定的操作指南，但如何在保证商业效率的同时实现有效合规，仍然是企业需要面对的问题。

此外，法律的跨国界效力意味着英国以外的企业和个人也需关注其对自身业务可能产生的影响。《反贿赂法》不仅适用于在英国境内的企业和个人，也针对那些在国际市场上与英国有经济往来的实体，这对于全球商业活动提出了更高的合规要求。

总之，英国《反贿赂法》在提升国际商业交易的透明度和公正性方面起到了一定的作用，但其执行和适用过程中面临的挑战也提示在反贿赂法律实践中需要平衡法律规定的严格性与商业实践的灵活性。随着国际反腐败合作的深入，未来可能需要进一步的法律解释和实践经验，以确保《反贿赂法》能够在保护商业公正的同时，不对合法的商业活动造成不必要的阻碍。

4.3　法国

2016 年 12 月 8 日，法国宪法委员会批准通过了《关于提高透明度、反腐败以及促进经济生活现代化的 2016-1691 号法案》，进一步加大了打击腐败、贿赂行为的执法力度。该法案被称为"Sapin Ⅱ"（《萨宾第二法案》），因为它沿袭、承继了法国财长米歇尔·萨宾于 1993 年提交的第一份反腐法案。《萨宾第二法案》共有 9 编 169 个条款，既有新设条款，又有对法国刑法、刑事诉讼法、货币金融法等法律的修订条款。

4.3.1　新设法国反腐局

法国反腐局（Agence Francaise Anti-Corruption，AFA）是根据《萨宾第二法案》设立的，旨在防止并发现利用影响力交易、侵占、挪用公共资金及利益等腐败行为。AFA 的主要职能之一在于监督企业按照《萨宾第二法案》第 17 条的规定建立合规制度，并评价合规制度的有效性。AFA 下设处罚委员会，如果企业未按《萨宾第二法案》第 17 条的规定建立有效的合规制度，处罚委员会有权对企业及其高管进行行政处罚。但 AFA 并非检察机关，如果发现了贿赂或腐败行为，AFA 应通知检察机关，由检察机关提起公诉。

4.3.2 强制要求企业及其高管建立合规制度

为了督促企业主动采取措施预防、发现贿赂行为，《萨宾第二法案》第17条规定，建立合规制度是相关企业及其高管人员应当履行的一项积极义务。

1. 合规制度的主体

《萨宾第二法案》第17条第1款规定，满足以下用工人数标准和营业收入标准的企业应当建立合规制度：①用工人数达到500人，或隶属于总部设在法国且总用工人数达到500人的公司集团；②单独报表或合并报表中的营业收入达到1亿欧元。因此，法国企业在海外设立的子公司，以及别国企业在法国设立的子公司，都有可能受《萨宾第二法案》第17条的影响。

建立合规制度离不开企业管理层的重视，因此《萨宾第二法案》规定，建立合规制度不仅是上述企业的义务，也是企业董事长、常务董事、经理等公司管理人员的个人义务。

2. 合规制度的内容

《萨宾第二法案》第17条第2款规定，企业应建立以下合规制度。①制定行为准则，以定义可能构成贿赂或利用影响力交易的各种被禁止的行为。行为准则应成为企业内部规章制度的一部分，因此需要根据法国劳动法的相关规定，完成与员工代表磋商的程序。②建立内部预警系统，以便收集员工提供的关于违反行为准则的线索或信息。③进行风险评估，区分企业所属的行业和实际运营地区，对企业的贿赂风险进行识别、分析和分级，并定期更新风险评估。风险评估过程中，应设定针对客户、直接或间接供应商的评估程序。④制定内部和外部的会计控制程序，以确保会计账簿、会计记录和会计账目不被用来掩盖贿赂行为。此类会计控制措施既可以由企业自己的财务和审计部门完成，也可以由外部会计师按照法国商法典的相关规定完成。⑤针对贿赂风险高危领域的企业高管和员工，建立培训体系。⑥针对违反行为准则的员工，建立惩处机制。⑦对已经采取的合规措施，建立内控及评价制度。

3. 未按要求建立合规制度的处罚

依据英国《反贿赂法》，建立有效的合规制度是企业免于构成贿赂的一项抗辩理由。相比之下，《萨宾第二法案》更为严格，明确规定建立合规制度是企业及其高管人员必须履行的积极义务，否则即使没有实施贿赂行为，企业或其高管也可能因此受到处罚。

根据《萨宾第二法案》第 17 条，如果企业没有主动建立合规管理制度，AFA 下设的处罚委员会有权对企业处以不超过 100 万欧元的罚款，并对高管个人处以不超过 20 万欧元的罚款。同时，处罚委员会还有权继续要求企业或高管在不超过 3 年的期限内建立合规制度。《萨宾第二法案》修改了法国的刑法和刑事诉讼法。对于构成贿赂犯罪的企业，法国法院有权判令企业在规定期限内，按照《萨宾第二法案》第 17 条第 2 款的要求建立合规制度。AFA 负责监督、协助企业建立合规制度，并定期（至少每年）向检察机关报告企业建立并执行合规制度的情况。AFA 因此产生的费用由企业承担。如果企业未能建立符合要求的合规制度，法国法院有权对企业和相关自然人分别判处罚金，并对自然人判处 2 年以下监禁。

与英国、美国类似，法国的《萨宾第二法案》第 22 条确立了推迟起诉协议制度。在案件进入正式审理前，检察机关可以与被指控涉嫌贿赂犯罪的企业达成和解协议，从而免于提起公诉。

达成司法和解的条件是，被指控的企业需要缴纳相当于过去 3 年平均年营业额 30% 的和解金，并且同意在 AFA 的管控下，于 3 年内建立有效的合规制度。如果有明确的受害人，被指控的企业还应按照和解协议约定的金额，在不超过一年的时间里，按照和解协议约定的方式弥补受害人的损失。

企业同意达成和解后，检察机关会将和解协议文本提交给法院，经过法院听证程序后，和解协议生效。如果被指控的企业履行了和解协议规定的义务，检察机关将免于提起公诉。如果和解协议未能全面履行，检察机关可以向法院汇报，由法院决定恢复公诉程序。

总体来说，《萨宾第二法案》对法国的反腐败立法具有深远而重大的影响。《萨宾第二法案》对建立企业合规制度的要求，甚至比美国《反海外腐败法》和英国《反腐败法》还要严格。法国企业在中国设立的分支机构，以及中国企业在法国设立的分支机构，均应认真评估《萨宾第二法案》给企业以及高管个人带来的影响。如果属于《萨宾第二法案》规定的必须建立合规制度的企业，企业自身及高管个人均应结合具体业务特点，主动评估潜在合规风险，建立健全符合中法两国法律要求的企业合规管理制度。

4.4 德国

德国的企业廉洁合规体系通过严格的法律制度和有效的内部管理机制，确立了高度透明和诚信的商业环境。这一体系的核心在于防止和打击腐败行为，确保企业在经营活动中遵循最高的道德标准，并通过法律约束和自我监督机制来防范潜在的法律和合规风险。

4.4.1 法律框架

德国的企业廉洁合规法律体系以《德国刑法典》（*Strafgesetzbuch*，StGB）为基础，特别是在打击贿赂和腐败方面，该法律提供了明确的指引。第299条至第302条规定了在商业和公共部门中的贿赂行为。第299条针对商业贿赂，规定任何企业向商业伙伴提供或接受不正当利益都将面临严厉处罚。根据法律的严重性，企业或个人可能会被处以罚款，甚至面临长达十年的监禁。第301

条和第 302 条则专注于公共部门，明确任何企图通过不正当手段影响公共职务行为的企图都将被视为犯罪。

此外，《反不正当竞争法》（*Gesetz gegen den unlauteren Wettbewerb*，UWG）进一步加强了对企业商业行为的规范，特别是防止企业通过贿赂、垄断或不正当手段获取市场优势。该法律确保市场公平竞争，要求企业在业务活动中保持透明和诚实，避免任何形式的腐败或欺诈行为。

与此同时，《反洗钱法》（*Geldwäschegesetz*，GwG）是德国打击腐败和非法资金流动的重要法律工具。企业被要求建立严格的内部控制体系，监控和报告任何可疑的金融活动，防止洗钱和恐怖融资行为。尤其是在高风险行业和跨境交易中，企业必须确保其资金来源和用途的透明性，避免陷入腐败或犯罪网络。

在公司治理方面，德国的《公司法》（*Aktiengesetz*，AktG）和《德国合规管理标准》（IDW PS 980）要求企业董事会和管理层承担合规管理的主要责任。企业必须制定全面的合规政策，以确保企业内部的经营活动符合法律要求，同时设立合规专员（Compliance Officer），监督日常合规事务。这些法律不仅在预防腐败方面发挥了关键作用，还要求企业主动维护其商业行为的合法性和道德性。

4.4.2 合规救济机制

德国的企业廉洁合规制度不仅重视预防机制，也为违规行为提供了有效的救济途径。企业通过内部的合规审查和定期的合规审计，确保其运营活动的合法性，并及时发现和纠正可能的违规行为。合规自查机制使企业能够在问题暴露之前主动处理，防止问题扩大化。

在合规救济方面，企业可以通过与司法机构合作达成合规协议（Compliance Agreement），这一机制允许企业在接受调查时通过积极配合来减轻潜在的法律责任。此外，企业还可以通过建立内部举报机制（Whistleblower System），鼓励员工匿名举报不法行为，确保违规行为能够在早期得到揭露和处理。这些制度不仅帮助企业有效管理内部风险，还为合规文化的建立提供了保障。

德国的合规官制度也进一步强化了企业的廉洁合规管理，合规官定期向管理层和监管机构报告企业的合规状况，确保企业在日常经营中符合法律和道德标准。通过这一系列措施，德国的企业能够有效预防潜在的法律风险，同时在国际市场中树立起负责任、透明和廉洁的企业形象。

4.5　《世界银行诚信合规指南》

《世界银行诚信合规指南》总结了"被许多机构和组织认为是良好治理和反欺诈与腐败的良好实践的标准、原则"，并随着国际合规标准的发展而不断更新。《世界银行诚信合规指南》大量吸收了《2009年经合组织关于进一步打击外国公职人员在国际商业交易中的贿赂行为的建议》、《国际商会反腐败、打击敲诈和贿赂委员会：国际商会行为准则和建议》、美国《针对机构实体联邦量刑指南》等内容，保证该指南获得国际范围的认可。

《世界银行诚信合规指南》是指导性的而非强制性的。正如世界银行在官方文件中说明的，"它们既不是囊括一切的，又不是专门针对单一对象的，也不是指令性的，相反，受制裁方采用这些指南还是采用其他变体应该是基于其自身情况做出的决定"。因此，《世界银行诚信合规指南》遵循的是"实质优于形式"的原则，允许企业综合考虑自身规模、地理位置、行业领域、所在国家、与业务伙伴和政府官员的关联度等因素，根据个体风险评估状况，灵活采取合规形式、具体措施，并投入相应资源，但最终必须满足《世界银行诚信合规指南》各项要求。

《世界银行诚信合规指南》共有11项原则,包括禁止不当行为、责任、计划的启动/风险评估和审查、内部政策、关于业务伙伴的政策、内部控制、培训和宣传、激励措施、报告、对不当行为的补救、共同行动。按照模块化的方式,将其分为主要目标、主要职责、基本程序、重点领域、关键环节、保障机制六大模块进行介绍。

4.5.1 建立遵约制度的主要目标——禁止不法行为

《世界银行诚信合规指南》第一条规定,公司应以行为规范等相关文件对被禁止的类型、范围进行界定,特别是对高风险行业进行重点监管。根据世界银行的规定,制裁行为主要包括欺诈、腐败、共谋和胁迫。

4.5.2 建立合规制度的主要职责——领导层、管理层、员工

《世界银行诚信合规指南》对公司领导层、经理和一般雇员的遵守责任做出了明确的规定。首先,《世界银行诚信合规指南》规定,公司的管理层,如董事会,必须清楚地表达自己的观点,并对公司的制度进行积极的支持。董事会及其他相关组织应理解遵守制度的内容,并监督其建立与运作;提供指导、资源和支持,以建立运营遵从体系;同时,保证遵守制度的定期检查、评估,及时发现问题并采取相应的补救措施。同时,公司的审计委员会也要定期、独立地审计公司的合规性,并提出改进意见。另外,公司的董事也要严格遵守公司的规定,如果有任何违规行为,将会受到惩罚。高级经理,如首席运营官,有责任保证各部门员工遵守规定。其次,《世界银行诚信合规指南》规定,公司管理层要对公司的合规制度进行日常监管,并对公司领导层、审计部门等进行直接报告。《世界银行诚信合规指南》规定,为保证以上管理人员充分履行职责,应给予他

们充分的自治、资源和权限。《世界银行诚信合规指南》强调，公司应动员所有员工积极投身于建立符合制度的体系，并遵循所有符合规定的原则。

4.5.3 建立遵约制度的基本程序——评估、审查、改进

《世界银行诚信合规指南》在建立合规制度的早期阶段，需要企业管理者充分考虑企业规模、业务领域、地域等方面的风险，对企业的舞弊、腐败等进行评估，以保证公司的合规制度建设有针对性。《世界银行诚信合规指南》在建立健全合规制度后，还提出了三个问题：一是不断地对公司的风险进行评估；二是定期、系统地审查公司的合规制度在控制违规行为上的适用性、妥善性和有效性；三是如果企业现行的制度不能有效地解决这些问题，或无法完全反映外部的法规要求，则需要及时更新和完善自身法律法规。

4.5.4 规范制度建设的重点领域——自我遵守和合作伙伴管理

《世界银行诚信合规指南》旨在遏制欺诈、腐败等失信行为，因此，银行自身的八大监管领域是监管制度的重点。《世界银行诚信合规指南》规定，公司必须将其信用遵守责任扩展至业务合作伙伴，并进行系统的规定。

一方面，为了防范自身的欺诈、腐败等违规行为，公司应从八个方面着手：一是在聘用员工之前，要对员工特别是管理层的应聘者进行全面的考察，防止出现有不良记录的情况；二是对从事有关工作的前政府工作人员及其相关人员进行限制；三是要对接待费用等进行适当的控制，避免对商务活动造成不良的影响；四是按照法律规定进行公开募捐；五是按照法律规定进行捐赠和公开，不得以捐赠的名义进行非法的利益输送；六是避免开展现金交易；七是对

所有符合要求的工作进行合理的记录，包括上述付款；八是要对腐败、欺诈、串通、胁迫等问题采取具体的防范措施。

另一方面，在合规方面，公司仅靠自己是远远不够的。《世界银行诚信合规指南》明确规定，各公司必须努力确保代理人、顾问、咨询专家、代表、经销商、承包商、分包商、供应商、合资方等合作伙伴遵守规定，以防范不良行为。《世界银行诚信合规指南》规定，在开展合作之前，公司必须对潜在的业务伙伴进行尽职调查，以避免与那些有可能存在违约风险的公司进行业务联系；向业务合作伙伴通报公司的遵守规定；要求合作伙伴遵循合规性要求，或鼓励他们建立符合性制度；全面地记载买卖双方的交易；保证支付给合作伙伴的款项公平和合法；监督公司和合作伙伴的合同执行情况。

4.5.5 建立遵约制度的关键环节——财务、合同、决策

在财务、合同、决策等方面，《世界银行诚信合规指南》着重于通过强化内部控制来减少风险。在财务上，《世界银行诚信合规指南》规定，公司应从财务、会计及其他经营过程着手，从财务和组织架构两方面进行改进。同时，为了保证公司内部控制系统的正常运转，对不符合规定的交易进行及时的检查。在契约管理上，公司在订立契约时，应当对与不正当行为有关的契约义务与责任做出约定，如，在商业合作伙伴发生不正当行为时，公司有权终止其合约。

4.5.6 建立遵约制度的保障机制——培训、激励、报告、纠正、联合

《世界银行诚信合规指南》还制定了五个支持机制，即培训、激励、报告、纠正和联合，以保障合规制度的高效运作。一是对公司各级员工采取合理的措施，并视情况对合作伙伴进行合规培训。二是对诚实守信的员工、合作伙伴采取积极的激励措施，如奖励等；

对违反规定的员工和合作伙伴，则采取惩罚措施，如解除合约。三是为管理层、员工、合作伙伴提供安全、便捷、必要的投诉和咨询服务；要求所有具有决策权或有能力影响经营成果的人，必须定期提交书面声明，表明已阅读企业行为准则，严格遵守企业法规，并将其知道的违反情况报告给企业合规员。四是对违法行为进行及时的调查和纠正，并采取相应的防范措施。五是支持合规制度不健全的中小企业等与企业联盟、行业组织、行业协会、民间组织等开展协作，加强企业合规标准、透明度和责任制，协助企业建立和健全合规制度和内部控制制度，有效地遏制违规行为。

4.6 世界银行制裁体系

4.6.1 制裁范围：制裁对象及应制裁行为

根据世界银行制定的《关于预防和打击国际复兴开发银行贷款和国际开发协会信贷和赠款资助项目中的欺诈和腐败行为的指南》（Guidelines on Preventing and Combating Fraud and Corruption in Projects Financed by IBRD Loans and IDA Credits and Grants，以下简称"《反腐败指南》"），世界银行制裁机制适用于所有世界银行资助项目在使用贷款资金中存在的欺诈和腐败行为，包括世界银行全部或部分资助的项目。

《反腐败指南》适用于所有贷款资金接受者，主要包括：借款人；所有最终使用贷款资金的个人或实体，实务工作中可能包括承包商、供应商、服务商等具体项目参与者；负责存放或支付贷款资金的个人或实体，例如财务代理（fiscal agents）；可以影响贷款资金的使用或对此做出决策的个人或实体。概括而言，与世界银行项目贷款资金的使用存在关联的任何个人或实体，均可能受到世界银行制裁机制的管辖。上述个人或实体不包括会员国及其政府官员，但是国有企业及机构除外。若会员国或其政府官员发生欺诈或腐败，一般由世界银行通过政治及外交渠道解决或与会员国一起进行处理。

此外，世界银行的制裁还可能延伸至被制裁方的关联公司。根据《制裁程序》规定，关联公司（Affiliate）是指控制被制裁方、受被制裁方控制或与被制裁方一起被共同控制的任何法律实体或自然人，包括被制裁方所控制的其他公司以及被制裁方的母公司或姊妹公司。

《反腐败指南》中规定的欺诈和腐败行为主要包括以下五类：

（1）腐败行为（corrupt practice），指直接或间接地提供、给予、收受或索要任何有价物对另一方产生不当影响的行为。典型的腐败行为包括行贿受贿、提供或索要回扣。

（2）欺诈行为（fraudulent practice），指通过任何作为或不作为（包括虚假陈述），故意或肆意误导（或企图误导）其他方，以谋取财物等利益或逃避义务。实践中，欺诈行为包括出具虚假的资质证书，提供虚假的投标保函、履约保函、虚假发票，虚假陈述项目经验以及不披露代理、佣金、分包商等。

（3）共谋行为（collusive practice），指双方或多方之间为实现某个不当目的而进行的共谋，包括对其他方的行为产生不当影响。典型的共谋行为包括串通报价、虚假竞标等。

（4）胁迫行为（coercive practice），指直接或间接地以危害或损害（或威胁危害或损害）任何一方或该方的财产，对某一方产生不当影响的行为。

（5）妨碍行为（obstructive practice），指为实质性妨碍世界银行对被指控的腐败、欺诈、胁迫或共谋行为进行调查，故意破坏、伪造、改变或隐瞒调查所需的证据材料或向调查官提供虚假陈述，或威胁、骚扰任何一方以防止其透露与调查相关的所知信息或协助继续调查，或对世界银行行使其审计或获取信息的合同权利构成实质性妨碍的行为。

实践中，世界银行基于"欺诈行为"做出制裁决定的案件占比较大，2014～2018年，占比始终保持在70%～80%。在招投标过程中对企业资质、项目经验等做出虚假陈述而被认定为构成"欺诈行为"。例如，A公司为满足项目要求，在投标过程中伪造两份信件，被世界银行认定为"欺诈行为"，从而失去在未来的15个月内参与世界银行资助项目的资格，根据《交叉制裁协议》也失去参与其他六家开发银行资助项目的资格，期满后在满足特定条件情况下可恢复资格。B公司为满足招投标要求，编制并提交虚假的诉讼历史、合同经验和业务资质，被认定为"欺诈行为"并受到世界银行制裁，在未来20个月内失去参与世界银行资助项目的资格，同时根据《交叉制裁协议》失去参与其他六家开发银行资助项目的资格。

4.6.2 制裁措施及制裁效果

针对以上欺诈和腐败行为的发生，《世界银行资助项目中的制裁程序及和解》（Sanctions Proceedings and Settlements in World Bank Financed Projects，以下简称"《制裁程序》"）中规定了世界银行可采取的五种制裁措施，分别为斥责（Reprimand）、附条件免于除名（Conditional Non-Debarment）、附条件解除的除名（Debarment with Conditional Release）、除名（Debarment）以及返还得利（Restitution）。其中附条件解除的除名为基准制裁方式，是世界银行最常用的制裁方式之一。此外，世界银行还针对制裁措施的裁量、加重及减轻等专门制定《世界银行制裁指引》（World Bank Sanctioning Guidelines，以下简称"《制裁指引》"）。

（1）斥责，是指就被制裁方的应制裁行为向其发出正式的斥责信。该制裁措施主要适用于不当行为本身十分轻微或对不当行为的参与程度很低的情况。

（2）附条件免于除名，是指若被制裁方能够遵守特定的补救性、预防性条件或其他条件，将免于被世界银行施加除名制裁。该等条件可能包括采取措施以提升合规管理水平［包括采纳、完善及实施廉政合规计划（Integrity Compliance Program，以下简称"合规计划"）］、赔偿损失、针对某些员工采取纪律性措施等。这一制裁措施主要适用于被制裁方已经自愿采取全面性纠正措施，且情况表明现阶段不需要对其进行除名的情况。此外，在被制裁方的关联公司虽未直接参与不当行为，但对所发生的应制裁行为存在系统性监管疏漏的情况下，关联公司亦可能受到附条件免于除名的制裁。

（3）附条件解除的除名，即被制裁方被除名（须先经过一段特定除名期间）直至满足特定的补救性、预防性条件或其他条件，这些条件同样可能包括采取措施以提升合规管理水平（包括采纳、完善及实施合规计划）、赔偿损失、针对某些员工采取纪律性措施等。该制裁措施的主要目的在于鼓励被制裁方建立或完善内部合规体系，在除名期满后企业再次参与世界银行所资助活动的情况下，得以控制、减少可能带来的风险。

（4）除名，包括永久性除名和一定期限内除名，是指永久性或在一定期限内取消被制裁方参与或获益于世界银行资助项目合同的资格；禁止其以分包商、顾问、制造商或供应商、服务提供者的身份参与其他有资格参与者所承接的世界银行资助项目；禁止其获取世界银行的贷款资金或以其他方式参与任何世界银行资助项目的准备或实施。

施加这两种不附条件直接除名的措施，主要是考虑以下两个方面：其一，若被制裁方原本就设有完善的合规计划，或已经针对涉案员工进行相关处分等，再对其设定条件要求整改或完善的必要性不大，此时考虑直接对其施加一定期限内除名的措施而非附条件解除的除名；其二，施加永久性除名制裁措施，则主要适用于情节严重，但可能无法通过对被制裁方设定条件要求其改善或提升的情况，该制裁措施主要适用于自然人、被该自然人紧密控制的公司以及空壳公司等。

（5）返还得利，即向借贷者以及任何其他方返还所有不正当所得或进行补救。世界银行在考虑对被制裁方施加何种制裁时，将综合考虑以下因素，例如，不当行为的严重性；不当行为所带来的损害程度；被制裁方对世界银行调查的配合程度；被制裁方过去曾被世界银行或其他多边发展银行认定存在违法行为的情况（主要指可能被施加除名制裁的案件）；是否存在减轻处罚的考量因素，例如在不当行为中担任次要角色、自愿采取纠正措施或配合调查，包括达成和解等；是否违反制裁程序的保密要求等。根据《制裁指引》，基准制裁措施为附条件解除的除名，为期三年，并在此基础上综合各项加重及减轻因素调整制裁措施的种类及期限。

4.6.3 制裁效果及影响范围

世界银行所施加的制裁措施，制裁效果显著且影响范围较大。世界银行所施加的制裁一般为整体性制裁，对被制裁方所施加的制裁措施可同时施加于被制裁方的任何关联公司以及被制裁方的承继者和受让者（successors and assigns）。以 C 公司及其两个全资子公司被世界银行施加为期 9 个月的除名制裁为例，该制裁措施同时扩展至 C 公司所控制的 730 个关联公司。在 9 个月的制裁期限过后，上述三个公司及 730 个关联公司还将受制于为期 24 个月的附条件免于除名的制裁。与此同时，除名制裁将自动扩展至世界银行其他机构成员，包括 IFC 和 MIGA 所资助或担保的项目，以及世界银行担保的项目及碳金融业务（carbon finance operations）。在此基础上，制裁措施具有交叉制裁效果。2010 年 4 月，世界银行集团、亚洲发展银行、非洲发展银行、欧洲复兴开发银行、美洲开发银行等签署《交叉制裁协议》，针对腐败、欺诈、共谋、胁迫等应制裁行为，若企业被其中一家缔约银行施加超过一年期限的制裁措施，则将在同等时间内被禁止参与以上所有缔约银行所资助的项目。根据《世界银行 2018 年度报告》，2018 财年，世界银行确认了其他多边开发银行的 73 项交叉制裁。2012 年，制裁理事会开始将其制裁决定予以公布。根据《制裁程序》第 10 条，有关被制裁主体及制裁措施的相关信息应当公开发布。制裁信息一经发布将广而告之，这一方面更加杜绝了被制裁主体变相规避制裁措施的可能（借贷国政府、业务合作伙伴均将知悉相关制裁信息），另一方面可能导致其他国家政府启动调查或对相关行为进行处罚，对被制裁主体的声誉亦大有损害。

4.6.4　制裁程序——三个主要机构、两级制裁体系

世界银行的制裁体系中涉及三个主要机构，即廉政局（Integrity Vice Presidency）、资格暂停和除名办公室（Office of Suspension and Debarment，以下简称"暂停办公室"）以及制裁理事会（Sanction Board）。其中，廉政局为调查机构，资格暂停和除名办公室及制裁理事会为负责审查及做出制裁决定的两级审理机构，后两者还被称为两级制裁体系。暂停办公室负责案件初步审理；制裁理事会负责处理申诉案件并做出最终裁决。

1. 调查机构

实际操作中，首先由廉政局负责案件初步调查、收集证据，调查对公司或个人（以下简称"被调查对象"）的应制裁行为，包括上文所介绍的腐败、欺诈、共谋、胁迫及妨碍行为等。调查完成后，若廉政局认为有充分证据证明被调查对象存在应制裁行为，其将向

暂停办公室提交"指控声明及证据"（Statement of Accusation and Evidence），该声明应包括对被调查对象的具体违法行为指控、明确被调查对象（包括建议施加制裁措施的每一个关联公司）、案件基本事实概述及制裁依据，并提交相关证据（包括其所掌握的可以争取免于制裁或减轻处罚的证据）。此外，世界银行于 2010 年引入制裁协商解决机制（Negotiation Resolution Agreements，以下称"和解机制"），由廉政局负责与被调查对象进行和解谈判、达成和解协议。

2. 两级制裁体系

（1）第一级——暂停办公室

暂停办公室主要负责与世界银行资助项目相关的案件，负责对廉政局所提交的案件及证据进行初步审核，世界银行将暂停办公室定位为"行政法官"（Administrative Judge）。若认为证据不足，暂停办公室可要求廉政局进行补充调查。若认为证据充足，暂停办公室将向被调查对象发出"制裁审理通知"（Notice of Sanctions Proceedings，以下简称"通知"），该通知应包括建议的制裁措施，并附上指控声明及证据，暂停办公室亦可建议对被调查对象的关联公司施加适当制裁。针对期限为 6 个月以上的制裁，调查对象接到通知后，将被自动暂停参与世界银行资助项目的资格，此被称为"临时资格暂停"。接到通知后 90 天内，若调查对象未对相关指控或建议的制裁措施提出异议，则建议的制裁措施将在 90 天后被执行。

（2）第二级——制裁理事会

世界银行制裁理事会由七名成员组成，其中包括两名替补成员（alternate members）。为加强理事会的独立性和中立性，2009 年起世界银行开始引入外部人员担任理事会成员，至 2016 年已演变为七名成员均由外部人员担任。制裁理事会的成员由世界银行行长提名后，由执行董事会（Executive Directors/Board of Directors）任命，执行董事会在听取世界银行行长的建议后负责选出制裁理事会主席。若被调查对象对指控或建议的制裁措施提出异议，则案件将交由世界银行制裁理事会处理。处理具体案件时，制裁理事会将针对个案选出三名理事会成员组成审理小组，审理小组的成员由理事会主席任命。

若被调查对象在收到通知后 90 天内，向制裁理事会递交书面答辩，则案件将进入由制裁理事会审理的第二级程序，廉政局可就被调查对象所提出的答辩进行书面回应。制裁理事会将审议通知中提出的指控及制裁建议、各方的答辩及回应，并审核案件所有证据。根据调查对象或廉政局的申请，或制裁理事会的自主决定，可就案件举行听证会，但该听证会为非正式（informal）、不公开（confidential）举行，且听证内容仅限于双方所提交的书面材料中的论点及证据。除制裁理事会自行决定召集一个或多个证人出席听证会外，听证会上不允许其他证人作证，且不允许进行交叉质询（cross-examination）。此外，在听证会上，若一方拒绝回答或回答不实，将被解释为不利于该方。

值得注意的是，世界银行在其《制裁程序》中明确指出，制裁程序"不适用任何正式的证据规则"（formal rules of evidence shall not apply）。任何证据均可以提交而不论其形式、性质，并由暂停办公室及制裁理事会自行决定所有被提交证据的相关性、实质性、证明力及充分性。在证明标准上，世界银行采用民事诉讼中通用的优势证据标准，其做出裁定的标准为"比不可能更有可能"（more likely than not）。该证明标准相对偏低，既不要求证据具有高度盖然性，亦远非刑事诉讼程序中的排除合理怀疑标准。

综合上述审查，若制裁理事会裁定被调查对象不太可能存在应制裁行为，则制裁程序终止。若制裁理事会裁定被调查对象更有可能存在一项或多项应制裁行为，将对被调查对象施加适当的制裁，并在适当情况下可能对其关联公司施加制裁。制裁理事会的决定为最终决定且即刻生效，无论是廉政局、暂停办公室或被调查对象，均无法对其最终决定进行再次申诉。此外，从上述听证会及证据规则中我们亦可看出，暂停办公室及制裁理事会对制裁审理程序拥有很大程度上的自由裁量权，消极对待世界银行发出的相关制裁通知或决定将可能对自身带来非常不利的后果，例如上文所述，在听证会上，若一方拒绝回答或回答不实，将被解释为不利于该方。

3. 临时资格暂停（Temporary Suspension）及先期资格暂停（Temporary Suspension Prior to Sanctions Proceedings）

临时资格暂停是指，在暂停办公室发出通知后，若该通知中所建议的除名制裁期限为 6 个月以上，则自通知发布之日起，直至制裁审理程序结束，被调查对象将被自动暂停参与世界银行资助项目的资格。对于被建议施加两年以上制裁措施的企业，临时资格暂停的效果还将同时覆盖其关联公司。设置临时资格暂停程序的目的，在于避免被调查对象在制裁程序结束之前仍可继续参与新项目。

先期资格暂停相比临时资格暂停更进一步，是指廉政局在进行案件调查期间，若其认为有充分证据证明被调查对象存在腐败或欺诈行为，且至多一年内案件调查非常有可能成功结束并提交指控声明及证据，则廉政局可以在调查结束或提交书面指控之前，向暂停办公室申请提前暂停相关被调查对象参与世界银行资助项目的资格。先期资格暂停期限为 6 个月，廉政局可申请延期一次。若在先期资格暂停期限到期之前，廉政局未能提起正式指控，则被调查对象将自动恢复资格。而若在先期资格暂停期限之内，廉政局提起正式指控，则被调查对象的除名期限将自动延期至整个制裁程序结束。

被调查对象可以在收到临时资格暂停或先期资格暂停通知后 30 日内，提交书面解释及相关证据对该资格暂停措施提出异议，并由暂停办公室进行审查并决定是否修改或撤回资格暂停决定。

以上两种资格暂停程序将除名期间两次提前，尤其是先期资格暂停程序甚至将除名期间提前至案件调查期间，这对于被调查对象所产生的影响是不言而喻的。资格暂停的效果等同于除名，这意味着即使案件结果最终未裁定对调查对象施加制裁措施，但在整个制裁审理过程中乃至调查期间，调查对象参与世界银行资助项目的资格均被取消。

4. 制裁时效限制：十年

在廉政局提交指控声明及证据之时，若与应制裁的欺诈和腐败行为相关的合同已执行完毕达十年以上，或相关欺诈和腐败行为发生在十年以前，该行为将免于被追诉。

4.7　经济合作与发展组织

为了加强国际反腐败合作和打击贿赂行为，经济合作与发展组织（OECD，简称"经合组织"）致力于制定并推动国际反腐败标准，监督各成员国的落实情况，并提供支持和建议，以帮助各成员国建立有效的反腐败机制和法律框架，预防和打击贪污和行贿行为。

4.7.1　打击国际商业交易中贿赂外国公职人员公约

作为一个全球性的经济组织，经合组织致力于推动国际反腐败合作和规范，《打击国际商业交易中贿赂外国公职人员公约》是其中的核心文件。该公约曾在 2009 年通过经合组织的审议并在成员国内被采纳实施，时隔 12 年后该组织于 2021 年再次修订该公约，旨在大力加强各成员国在国际商务活动针对商务人士对外国公职人员行贿的全球执法力度。该公约规定各成员国应确立反腐败法律制度和政策，承诺加强国际合作，打击跨境贿赂和资产藏匿，建立透明的财务和政治机制，以维护公共利益和全球经济秩序的稳定。经合组织的监督机制会定期对各成员国的落实情况进行评估和审查，并发布报告和建议，以帮助各成员国改进反腐败措施和政策。

4.7.2　监督机制

为了保证各成员国落实反腐败公约，经合组织设立了工作组和秘书处，并建立了一套监督机制。经合组织工作组是由各成员国政府的高级官员组成的，负责监督和评估各成员国的反腐败措施的落实情况，并提出建议和指导。经合组织秘书处则是专门的工作机构，协助工作组开展相关工作，收集和分析有关信息，制定政策和提出建议。此外，经合组织还定期发布反腐败评估报告和建议，对各成员国的反腐败措施和政策进行评估和监督。

4.7.3　反贿赂法律框架

反贿赂法律框架是国际反腐败工作的基础，也是各成员国建立反腐败机制和打击贿赂行为的关键。经合组织致力于推动各成员国加强反贿赂法律框架建设，包括制定反贿赂法律和政策、加强执法和司法机构的能力建设、加强对贪污和行贿行为的打击和惩治等方面的措施。

在反贿赂法律框架方面，经合组织推出了一系列具体的指导和标准，包括《企业负责任行为指南》《公共采购指南》《金融机构反洗钱和反腐败指南》等。这些指导和标准涵盖了各个领域和行业，为各成员国制定和落实反贿赂法律和政策提供了指导和参考。

4.7.4　加强执法和司法机构的能力建设

除了法律框架，经合组织还致力于帮助各成员国加强执法和司法机构的能力建设。这包括提高执法机构的反贿赂技能和专业素养、加强司法机构的独立性和公正性、推进司法改革、建立举报机制等。经合组织通过开展培训、研讨会、经验交流等活动，促进各成员国在执法和司法方面的合作和互相学习，提高反贿赂的效果和水平。

4.7.5 企业廉洁合规建设

经合组织不仅在政府层面积极推动反腐败工作，也提倡和引导企业开展腐败治理工作。经合组织认为，企业是反腐败工作的重要主体之一，企业自身的腐败问题不仅会影响到其自身利益，也会影响到整个社会和经济的稳定和可持续发展。因此，经合组织建议企业在制定和执行反腐败政策和措施时，应遵循以下原则。

（1）高层承诺和领导：企业高层应对反腐败工作做出明确承诺和领导，制定反腐败政策和目标，并且负责推动和落实。

（2）风险评估和管理：企业应该对其业务活动的风险进行评估和管理，识别可能涉及腐败的环节和风险点，采取相应的防范和控制措施。

（3）建立合规机制：企业应该建立健全合规机制，制定内部规章制度和流程，规范员工的行为和业务操作，确保符合法律法规和道德伦理要求。

（4）培训和教育：企业应该开展员工培训和教育，提高员工反腐败意识和素养，引导员工树立正确的价值观和行为准则。

（5）监督和评估：企业应该建立监督和评估机制，对反腐败政策和措施的执行情况进行监督和评估，及时发现和纠正问题。

经合组织还在企业层面制定了《反腐败合规指南》（Anti-Bribery Compliance Guidance），为企业开展反腐败工作提供了具体指导和建议。该指南包括以下内容。

（1）内部合规机制：企业应该建立健全的内部合规机制，包括制定内部规章制度和流程，建立内部举报机制。

（2）确保员工培训和教育：企业应该开展员工培训和教育，提高员工反腐败意识和素养，引导员工树立正确的价值观和行为准则。培训内容应包括法律法规、企业内部规章制度和流程、反腐败案例等，通过实际案例的分析和讨论，加深员工的反腐败认识和理解。

（3）监督和评估：企业应该建立监督和评估机制，对反腐败政策和措施的执行情况进行监督和评估，及时发现和纠正问题。企业应该建立内部审计、监督和检查机制，定期对反腐败合规情况进行审计和检查，并对问题进行及时处理和纠正。

在具体实务工作中，经合组织也提出了一些企业反腐败工作的具体建议。

（1）建立反腐败政策和流程：企业应该建立反腐败政策和流程，并对员工进行培训，让员工了解反腐败政策和流程，明确工作要求和行为准则。

（2）识别和管理腐败风险：企业应该识别和管理腐败风险，对涉及腐败的业务环节进行风险评估，建立防范和控制措施。企业可以通过审计、风险评估、内部控制等方式，发现和防范腐败风险。

（3）建立内部举报机制：企业应该建立内部举报机制，让员工能够自由地向企业举报腐败问题，保护员工的举报权益。企业应该为员工提供多种举报渠道，包括匿名举报渠道。

（4）加强合作和协调：企业应该加强与政府、行业组织、民间组织等机构的合作和协调，共同推动反腐败工作。企业可以通过加入行业组织、参与反腐败项目等方式，增强反腐败的合作和协作能力。

（5）鼓励社会责任：企业应该承担社会责任，积极回馈社会，推动反腐败工作的发展。企业可以通过捐赠、慈善活动、志愿者服务等方式，积极参与社会事务，提高企业的社会形象和声誉。

（6）强化内部控制：企业应该强化内部控制，建立合规管理制度和内部监管机制，确保企业运营合规、清廉。企业可以通过制定内部管理制度、加强内部审计、推进内部风险控制等方式，提高内部控制的效力。

（7）开展反腐败宣传：企业应该加强反腐败宣传，推动反腐败理念的普及和推广。企业可以通过媒体宣传、公益广告、社区活动等方式，让公众了解企业的反腐败工作，提高公众对企业的信任度和认可度。

（8）加强人才队伍建设：企业应该加强人才队伍建设，建立合规专业团队和反腐败领导机制，提高企业反腐败能力和水平。企业可以通过培养反腐败专业人才、引进反腐败领军人才等方式，提升人才队伍的质量和能力。

经合组织的《反腐败公约》是反腐败工作的重要法律文件，其目的在于通过国际合作和协调，加强反腐败斗争，促进清廉政治和可持续发展。公约中规定了政府、企业和公众等各方面的反腐败义务和责任，为全球反腐败工作提供了重要的指导和支持。总之，企业反腐败治理是企业社会责任的重要组成部分，也是企业自身利益的需要。经合组织的《反腐败公约》为企业反腐败治理提供了重要的指导和支持，企业应该根据自身情况，认真履行公约的规定，加强反腐败治理工作，提高企业的合规性和清廉度，为可持续发展做出贡献。

4.8　主要国家及组织合规管理要点梳理

综上所述，多国都在企业合规问题上设置了专门的监管机构。如美国证券交易委员会（SEC）、美国联邦调查局（FBI）和美国司法部（DOJ）等，负责监督和执法公司的行为。在机构设置上面，美国通过上市公司会计监管委员会（Public Company Accounting Oversight Board，PCAOB）等机构，监督和规范会计和审计行业。这些机构的存在可以有效地减少企业腐败和会计舞弊。法国加强了对企业的审计和监督。法国审计委员会（Haut Conseil du commissariat aux comptes）负责监督审计行业，确保企业在财务报告中披露准确和透明的信息。此外，法国还成立了专门的反腐败机构，如国家财产署（ANP）和法国金融市场管理局（AMF）等，负责监督和打击企业腐败和违法行为。

此外，典型国家对于涉及企业相关的腐败立法高度重视。美国出台了严格的反腐败法律，如《反海外腐败法》（FCPA）和《企业犯罪责任法》（EPCA）等，违反这些法律会面临严厉的刑事和民事制裁。英国对于反商业贿赂的法律的代表即《反贿赂法》，其创新性地设立了防止贿赂失职罪，并通过在商业贿赂案件中采取严格责任原则和设立相应的合规抗辩程序，激励企业建立完善的合规体系，对商业贿赂的防范与治理发挥了关键作用。法国反对商业贿赂的主要法律有《萨宾第二法案》（Sapin II）、《刑法典》（Code Pénal）、《刑事诉讼法典》（Code de Procédure Pénale）、《商法典》（Code de Commerce）等，在《财政金融法典》（Code Monétaire et Financier）、《反垄断法》（Droit de la Concurrence）、《劳动法》（Code de Travail）等专业性法律文件中，对各行业的商业贿赂行为也进行了规范。这些法律规定了企业和个人在商业活动中不得行贿和受贿，强制要求企业实行透明和公开披露，以及设立监管机构对违规行为进行调查和惩罚。

最后，典型国家通过鼓励企业实行透明和道德经营，通过透明度和公开披露来促进治理、减少腐败。例如，企业社会责任（CSR）和可持续发展报告等举措，旨在提高企业的社会和环境责任感，促进企业的可持续发展和透明度。

表 4-1　部分国际合规经营监管要求

法律及指引名称	特　点
美国《反海外腐败法》	• 1977 年制定，1988 年修订，禁止商业机构或个人（不限于美国企业）为获得或保留业务向外国官员行贿 • 降低处罚方式：证明企业存在有效的合规制度；自愿披露、积极合作与认罪

法律及指引名称	特 点
英国《反贿赂法》	• "防止贿赂失职罪":员工、子公司、其他第三方出于公司利益而实施贿赂,无论发生在英国还是国外,公司都会受到指控,只能借助"充足程序"抗辩 • 充足程序:证明具有充足的合规程序,能够有效预防贿赂发生
法国《萨宾第二法案》	• 构建专门机构开展反腐败调查 • 构建专门的合规评估以及惩罚体系
德国《德国刑法典》	• 构建反腐败治理机制 • 开展反腐败专门立法
世界银行黑名单制度与《世界银行诚信合规指南》	• 不给任何涉嫌贪污受贿的国际公司投标资格,禁止其参与由该行资助的所有项目 • 制定并实施符合世界银行要求的合规诚信体系是提前终止、终止或有条件免于制裁的主要条件
经济合作与发展组织	• 打击国际商业交易中贿赂外国公职人员公约 • 监督机制、反贿赂法律框架、企业合规指南

总之,国际上关于企业合规管理的相关法案和政策已经相对普及。通过研究已有的法律和政策体系,可以总结并提炼它们在立法实践、原则和理念方面的共同特点。同时,亦可梳理各国在这一领域中法律和制度制定的逻辑起点、内在动力、实践特色、全球关注程度以及理论研究等方面的经验,以便为我国企业更好地开展企业廉洁合规管理工作提供有益的参考。

4.8.1 国内立法方面:通过现代企业制度控制企业犯罪

近年来,随着全球化进程的加快和数字经济的迅猛发展,我国企业在治理层面面临着前所未有的挑战与机遇。企业作为经济社会发展的重要推动力量,其治理水平不仅影响企业自身的可持续发展,也直接关系到社会公平正义的实现。在这一背景下,我国立法机构以现代化企业制度为基础,致力于强化企业合规建设,通过完善法律框架和制度设计,为企业的合规实践提供了坚实保障。

现代化企业制度建设的首要任务是完善法律框架，明确企业在合规治理中的责任和义务。近年来，我国通过修订《公司法》《反不正当竞争法》等重要法律法规，进一步强化企业在经营活动中的法律约束力。例如，这些法律修订不仅对企业信息披露、财务透明等合规领域提出了更高要求，还通过强化法律执行力度，推动企业将合规融入其日常运营的方方面面。法律的完善为企业建立透明、高效的治理体系奠定了基础，同时也为促进市场公平竞争、优化营商环境提供了有力支持。

在实践中，推动制度创新是我国立法机构提升企业合规水平的重要方向。面对复杂多变的市场环境和快速变化的技术条件，法律体系需要保持一定的动态性和灵活性。为此，我国在多个重点领域探索了具有前瞻性的立法措施。例如，在环境保护领域，相关法律引入了强制性环境信息披露机制，要求企业主动公开其在环保方面的投入和绩效。这不仅提升了公众对企业的监督能力，也促使企业更加注重环境治理与合规的结合。类似的措施还包括在数据保护、劳动保障等领域的制度创新，这些都体现了我国在合规立法中的务实和创新精神。

同时，我国立法强调社会共治理念，推动企业合规治理从单一主体向多元协同的方向发展。现代化企业制度建设的一个显著特征是强化政府、企业和社会公众之间的协同合作。在这一框架下，政府通过政策引导和法律约束，鼓励企业积极履行社会责任；企业则通过信息披露、社会责任报告等方式，主动接受公众监督。这种治理模式不仅提升了企业治理的透明度，也为社会资源的高效整合提供了平台。例如，近年来推出的企业社会责任评级体系和绿色金融政策，不仅有效调动了企业的积极性，还促使社会各界共同参与到企业合规治理中。

此外，立法机构高度重视合规文化的培育，将其作为现代化企业制度的重要组成部分。通过法律和政策引导，企业逐步将合规理念内化为自身的核心价值观，并以此为基础构建长期有效的合规管理体系。例如，许多企业设立了专门的合规管理部门，负责制定合规政策、实施合规培训，并监督内部各项合规措施的落实。这种合规文化的培育不仅增强了企业内部的风险防控能力，也提升了企业在国际市场中的形象和竞争力。

在企业合规治理的立法实践中，我国逐步形成了以法律为核心、以制度创新为动力、以社会协同为支撑的多层次治理体系。这一体系通过在自贸区、经济特区等重点区域的试点推广，探索出了一系列适应市场需求的合规管理模式。例如，跨境贸易中的合规管理框架、金融领域的风险评估机制等，这些成功实践为全国范围内的立法完善提供了可行的样本，也为我国在国际经济治理中争取更多话语权奠定了基础。

展望未来，我国企业合规立法将继续深化，重点关注法律体系的科学性与灵活性，不断优化监管机制。同时，立法机构将进一步推动合规与社会治理的有机结合，强化企业在法治社会建设中的责任和担当。通过这一系列努力，我国将逐步建立起更加完善的现代化企业治理体系，实现经济发展与社会公平的双赢目标。总之，我国企业合规立法的进程体现了从法律规范设计、制度创新实施到社会协同发展的全方位推进。这种立法思路不仅推动了企业治理水平的全面提升，也为法治社会和现代化经济体系的构建提供了坚实的基础，展现了我国在全球经济治理中的智慧与担当。

4.8.2 涉外立法方面：管辖范围逐步扩大

一直以来，以美国为代表的西方国家在开展反腐败立法的过程中，主要围绕的是扩大立案管辖范围的问题。对此，有必要就美国反腐法律的扩大立案管辖范围问题进行全球视野的审视以及理性分析，以避免陷入某种片面或简单认知。

首先，美国在涉外企业司法当中经常适用暂缓起诉协议和不起诉协议。是这里的暂缓起诉协议，是由检方和被告人达成的，其中被告人承认被控告的犯罪以换取检方的让步，协议内容通常包括被告人承担调查中与检方合作的义务。受指控公司一旦进入协商程序，通常会伴随刑事罚金、没收财产等后果。然而，公司一般不愿意签订暂缓起诉协议，因为这会导致定罪判决，从而带来名誉风险、资格丧失以及停止股票上市等后果。

实际上，美国检方近年来对国外公司更为积极地运用不起诉协议。在不起诉协议下，一旦公司完成协议所规定的要求，检方就针对公司做出不起诉处理。美国的审前转处（pre-trial diversion）源于1974年通过的《快速审判法》（Speedy Trial Act）。值得注意的是，不起诉协议并不排除针对犯罪之公司高管或者普通员工的起诉。不起诉协议或者暂缓起诉协议的条件和条款依据公司的犯罪性质、公司规模、公司文化的不同而不同。它通常要求被告公司提供关于违法行为的书面声明，该书面声明将在互联网上予以公开。

此外，通常还会伴随赔偿支付（其数额和刑事罚金相仿），以及要求公司配合检方的调查。最为重要的是，被告公司有义务依照美国管理机关的指令进行公司改革。公司必须提交一个改革计划并配备一个独立的监督人，该监督人在一定时期内对公司的合规进行监管。监管人的任命要经过美国管理机关的同意，并由被告公司支付监督人的工资。监管人主要考察评估公司的内部控制以及合规计划的有效性，并定期向美国司法部提交报告。当上述协议规定了国外公司遵守美国法律的义务时，对美国法律的遵守被称为"间接执法"（indirect law enforcement）。

其次，国际上对于美国实行的"间接执法"存在争议，许多学者予以坚决反对。显然，"间接执法"这一做法与国家领土主权的基本原则相冲突，尤其是一国执法部门迫使他国个人或公司违反公司成立所在国的法律时。原则上，一国想要调取位于另一国家境内的证据资料，该国要向证据资料所在国提出请求。如果两国之间没有司法互助协议，则被请求国没有义务予以回应。如果两国之间存在司法互助协议，则通常由被请求国法院依程序受理并回应。否则，单边行动就会引发司法冲突问题（judicial conflict）。司法冲突起源于 20 世纪 50 年代跨国企业的快速发展。当时，存在所谓跨境禁令的争论。此时，美国试图通过法院颁布"透露令"（discovery orders）来实施跨境行动以发现位于他国境内的文件资料。这样，尽管违反他国法律，美国仍然迫使当事人在遵守法院指令、缴纳罚款以及违反本国保密法规之间做出选择。他国政府往往认为此种做法系违反本国法律的"法外司法"（exorbitant jurisdiction）而加以抵制。一些国家甚至颁布针对性法律以对抗这种行为。于是，美国也不惜采取强硬措施，甚至对违反法庭指令者以藐视法庭罪（contempt sanctions）加以制裁。

最后，新形势下应当全面、理性地看待和应对美国法律的"长臂管辖"问题。当代国际社会人们更多地关注全球市场的公平公正，同时公司的社会责任观念逐步得到各国的普遍认可。为此，一方面应当注意借鉴美国反腐败法律中重视企业腐败预防、推动企业合规以及严格执法的理念，另一方面也要敢于面对美国反腐败法律中"长臂管辖"问题。此外，美国也推动各国及国际社会制定应对跨国公司犯罪的国际公约，如《经合组织反贿赂公约》以及《联合国打击跨国有组织犯罪公约》（UNTOC）等。实际上，国际社会正是通过这些国际公约才建立起防控经济违法犯罪的规范体系。总之，各国可以借鉴美国反腐法治中重视腐败预防的理念及制度，同时努力推进国际规则体系的公平公正。为了实现平和顺利的跨国刑事执法，企业、美国政府及其他国家三者之间的关系需要进一步理顺。

4.8.3 合规规制方面：事前预防与事后非诉协同

美国在公司反腐和公司合规方面的立法和司法实务中，突出表现为对检察机关的重视。从世界范围来看，普通法系尤其重视公司犯罪诉讼战略的立法和司法应用，而大陆法系国家则大多没有明确提出公司犯罪诉讼战略的理念。

尽管提起公司诉讼难度大、费用高，但其在保护公众和财务权益方面的重要性却不可忽视。这是由于如果没有对公司提起诉讼的遏制作用，那么社会大众和投资者对金融系统和市场的信任就会受到伤害，而消费者和其他企业也将面临与不法公司进行贸易的危险，从而法律保障公共利益的法律目标将无法实现。因此，普通法系各国大都建立了比较完备的公司诉讼制度。例如，美国司法部认为对企业罪行的指控是一件"重中之重"的事情。《美国联邦商业组织起诉原则》还规定："对怀疑的企业罪行展开侦查，并在适当情况下对其提起公诉，是一项有利于公众的重大权益。其主要内容为：一是保障市场经济的自由与公平；二是对消费者、投资人和合法经营的企业进行保护；三是为了让美国人民不受非法活动的伤害。"

在美国，有一项附条件的判决已有数十年历史。在这些案例中，有95%的企业犯罪案件都是在认罪谈判中达成的。安然公司（Enron）的倒闭迫使美国引进对公司罪行提起诉讼（Alternative Disposals）的处理办法，其中包含一项"中止诉讼"和一项"不起诉"，这两项条款都是为了让企业获得司法救济并支付高额罚金来规避诉讼。其原因是：在部分案件中，出于公平正义和公共利益需要对不法公司进行处罚，而非控告，特别是刑事控告很可能会给企业带来灭顶之灾，对于公司股东、企业雇员及有关供应商来说更是如此。另外，鉴于竞争可能产生的经济效益和偏差现象的普遍存在，谈判机制是一种较为理想的选择。另外，追究法人罪行不仅难度大，所付出的代价也远高于对个体罪行的检控。

美国检方在 1999 年就开始对相关公司或机构实施暂缓起诉，而英国则在 2014 年开始实施。这个被称为"中止诉讼"的协定，就是公诉人和被怀疑有罪行的公司达成的一项协定。公诉人建议公司在进行刑事侦查过程中表现出配合、承认部分事实、采纳处罚规定等方面的意愿，通过预防手段来规避罪行的重演。合同的具体条款一般是：对违法行为的确认，并交付罚款或赔偿；指定一个独立的检查员来检查该部门的相关工作的开展，解雇违规雇员，执行遵约程序。如果该公司在指定的期限内履行了该合同的条款，检方就会批准中止诉讼；若该公司未履行上述规定，检方可重新提起诉讼。近年来，在美国，越来越多的案例采用了该类方法。比如，2000～2013 年，美国司法部已经实施了 257 个中止诉讼协定和不起诉协定。2000～2006 年，美国司法部平均每年审理 9.8 宗中止诉讼协定或不予公诉协定；而到了 2007～2013 年，年均受理的中止诉讼和不起诉协定的数量上升到年均 30.5 个。

在执法实践中，遭到美国执法机关调查的美国公司中的绝大多数最后都达成了和解协议（settlement agreement），而不是选择让企业面对风险并走完整个审判程序。在和解协议中将对合规标准的存在以及是否达到该标准要求进行讨论处理，从而让执法机关有机会将这些标准予以提高。

值得注意的是，尽管在美英两国，习惯通过合约来实现企业廉洁合规争议的解决，但除了英国以外，欧洲各国还没有一个正规的协议来处理此类公司犯罪，而在这些国家中，有一种明显的倾向，那就是将公司管理制度和预防措施作为定罪时的从轻处罚考虑。比如，意大利的立法要求，在庭审之前，公诉人可以推荐减少 50% 的量刑判决，因为他们已经采用了"内部防范体系和管制手段"。罗马尼亚规定，在执行机构干预之前，只要企业主动申报，将其内部调查结果查明的贪污罪行，就可以免予追究其责任。美国在公司腐败和公司合规方面重视公诉战略的使用，包含在刑事诉讼过程中引入防范概念和作用的构想，这是值得世界各国学习和参考的。

伴随企业反腐败与企业合规的发展，学界也涌现出一些相关政策性焦点问题的研讨与反思，其中最重要的一点就是如何看待"过度犯罪化"问题以及如何预防白领犯罪问题。

首先，要在树立科学的犯罪应对理念的基础上确立腐败预防的战略地位。一方面，基于过去几十年以来西方国家反腐立法迅速发展但腐败犯罪依然高发的事实，不少西方学者认为，现行针对"白领"犯罪的惩罚效果不佳乃至无效。如有学者所言："尽管制定的反腐法律文本急剧增加，但腐败依然严重的现实表明，惩罚性反应已经表现出前所未有的无效。"另一方面，要坚定树立惩罚的确定性作用远大于刑罚的严厉性这一认识理念。关于刑罚之威慑力的讨论一直就是一个颇有争议的话题。然而，众多的研究文献表明，对犯罪人判处重刑尤其是监禁，这一做法对于遏制其他人犯同样的犯罪而言并无明显效果。

其次，要着力打造有利于预防腐败的道德文化和价值观念。防控腐败一方面需要制定和实施反腐法律制度，另一方面也需要风清气正的文化观念予以支撑配合。

最后，忽视文化和价值观念也是导致腐败的重要因素，要高度重视防控腐败的教育尤其是针对青少年的腐败预防教育。

综上所述，可对发端于 20 世纪 60 年代的美国企业合规制度总结如下。从立法上看，美国于 1977 年制定的《反海外腐败法》在世界范围内首次彰显了企业合规的基本理念，此后美国司法部于 1991

年出台的《组织量刑指南》首次将企业合规纳入刑事责任追究范畴。21 世纪初期美国安然公司腐败丑闻发生之后，美国国会于 2002 年通过了 SOX 法案，该法案要求在公司内部建立更为严厉的公司责任制度，此后美国量刑委员会针对《组织量刑指南》进行了首次修订，由此采取更为严厉的合规标准来倡导合规文化。美国在 1977 年制定《反海外腐败法》之初就力图向国际社会介绍其企业合规理念及制度，但开始并不顺利，后期由于形势的变迁以及观念的提升，国际社会的企业反腐及企业合规开始加速发展，经合组织于 1989 年启动了企业反腐规约的起草工作，21 世纪以来欧洲、亚洲、非洲众多国家纷纷出台了自己的企业合规法律制度，至今已经形成企业合规的全球发展态势。

企业廉洁合规有关典型案例比较分析

在全球化不断推进的过程中，企业作为全球化进程中的重要参与者，逐渐成为跨境腐败问题产生的重要环节之一。随着美国《反海外腐败法》执法机构不断提高执法的强制性和严厉性，执法实践也日益活跃。通过分析《反海外腐败法》执法实践中的典型案例及最新执法活动，能够直观展现执法的实际操作，为推进企业开展廉洁合规建设提供生动的实践案例及操作指南。

5.1　跨国公司典型案例

5.1.1　公司实施贿赂行为处罚案例

1. A 公司

A 公司商业贿赂案是近年来惩罚力度最大、涉及范围最广、内容最具典型性的案例，该案以 A 公司与美国、英国、法国等多国的反腐败调查机构达成不同程度的协议告终。

为了支持国际业务，A 公司成立了战略与市场部，负责对第三方商业合作伙伴进行聘用、监督和管理，而第三方商业合作伙伴的主要任务是帮助 A 公司完成全球销售和服务订单。其战略与市场部以创建虚假和欺诈性质的合同、收取虚假和欺诈性质的服务发票、为商业合作伙伴定期创建虚假项目报告等多种方式，掩饰和隐藏了商业合作伙伴参与腐败的真实情况。

面对指控，A 公司与美国、英国、法国分别签署了延期起诉协议，以此免受正式起诉，就不当行为指控达成和解。法国、英国对 A 公司的合规整改要求均为 7 条，美国大致归纳为 10 条。除建立合规机制形成对合规风险的控制等共性要求之外，三国对 A 公司的合规整改重点各有不同：

（1）英国要求 A 公司更换董事长和核心高管，而美国、法国则没有此类要求。

（2）美国要求 A 公司建立"内部举报和调查机制"，无独有偶，法国提出的"举报制度"也与此性质相同。此外，美法两国所提出的定期的风险评估（美国）与"风险映射系统"（法国）也在风险监控方面极为相似。

（3）美国单独提出了"A 公司建立独立的监督系统""高层要作出合规承诺"，还强调要建立"合并和收购""第三方关系"方面合规机制；法国单独要求"建立财务管控系统"；英国单独要求"聘请外部的合规专家""建立道德与合规委员会"。

除 36 亿欧元（折合 39.6 亿美元）的罚款外，英国延期起诉协议还提出如下要求：A 公司需继续实施并审查其合规性改进情况；委派他国反贪局担任 A 公司合规计划的监督机构；协议期间，A 公司将继续配合英国严重欺诈办公室和其他机构的调查。一旦发现任何欺诈证据或指控，A 公司应立即向英国严重欺诈办公室报告。

2. B 公司

2010 年，B 公司在纽约股票交易所发行了价值 100 亿美元的股票，其间公司提交给美国证交会的备案资料中存在重大虚假和误导性的陈述。根据美国证交会的命令（Order）指称，B 公司未能建立和运行适当的内部会计控制制度，包括公司未要求员工完成反腐败、反欺诈或合规培训，且公司没有提名审查人员到高级管理职位的正式程序，未能监控和发现公司的贿赂密谋。

但是，公司并未被指控违反 FCPA 的反贿赂条款，仅指称这些贿赂密谋导致 B 公司实质上的不实陈述和财务内控疏忽。

B 公司案是美国 FCPA 执法史上处罚金额第二大的案件，而且本案事实的特殊之处在于，一个外国国有公司在其本国发生贿赂其本国官员的行为是否应落入美国 FCPA 的域外刑事管辖范围，这引起了广泛关注和讨论。

事实上，B 公司案包括两部分内容，分别是违反《美国证券法》和《反海外腐败法》的犯罪行为。对于其违反《美国证券法》部分其实并没有争议，因为虚假陈述是各国证券法对于证券发行人均予以处罚的行为。但违反 FCPA 部分却存在很多争议，值得研究。

首先是关于行为主体的问题。作为外国主体，B 公司不仅在圣保罗证券交易所上市交易股票，而且在纽约证券交易所也发行了股票。根据美国 1934 年《证券交易法》第 12 条规定，公司是证券发行人；同时，也属于 FCPA 范围内的"发行人"。此外，B 公司在美国发行的存托凭证相当于其股票的大约 38%，美国股东是资本构成的重要一部分。因此，美国政府依据证券法和 FCPA 对 B 公司拥有合法的属人管辖权。

其次是取得或者维持业务的问题。尽管存在贿赂行为，但公司并没有任何"获取或维持业务"的意图，因为只有涉案的公司才有这个意图，他们通过支付贿赂款以换取与 B 公司签订合同。事实上，B 公司是此类丑闻的最大受害者。在一个公司是贿赂犯罪受害方的情况下，并不满足 FCPA 关于贿赂事实的构成要件。

最后是贿赂对象的问题。虽然该案中贿赂政客符合 FCPA 规定的外国官员的范畴，但外国国有企业员工是否为"外国官员"在法理上一直存在很大的争议。FCPA 第 78dd-2（h）（2）（A）节下的"工具性实体"是指外国政府控制的经济实体，用于履行政府视为其自身的政府管理职能。按照这个标准，公司雇员应该是外国官员。所以，本案的犯罪对象从形式上满足了 FCPA 的要求。

3. C 公司

英国 C 公司被揭露其旗下子公司在他国为获取项目合作进行商业贿赂。对于这些指控，C 公司承认其在他国的商业行为存在违规和不道德，并表示将采取措施纠正错误和防止类似事件再次发生。此外，C 公司还表示已经与美国和英国的监管机构合作，调查公司在全球范围内的商业行为。根据与美国司法部的和解协议，C 公司同意支付超过 4.7 亿美元的罚款和赔偿，以解决其在他国进行商业贿赂的指控。公司还同意接受为期三年的监管，并向美国司法部提交定期报告，说明公司的合规措施和改善情况。

之后，C 公司启动了一项内部调查，以审查该公司在全球的商业行为。调查发现公司存在严重的商业贿赂行为，导致公司声誉受到严重损害，并引发英国政府和其他监管机构的调查。在调查过程中，公司承认在他国的项目中行贿，同时与美国司法部和英国反腐败机构合作，同意支付数十亿美元的罚款，以解决涉嫌行贿的指控。最终，C 公司判处支付创纪录的 43 亿美元罚款，成为有史以来最大的商业贿赂罚款案。

除巨额罚款外，C 公司还承担了其他后果。该公司声誉受到严重损害，导致其全球业务和招聘受到影响。同时，该公司高管和员工也面临刑事指控和惩罚，包括被剥夺高级职位、罚款和监禁。这起案件揭示了商业贿赂和其他不道德行为的严重性，对企业和社会的影响深远。这也证明了监管和合作机制的重要性，以维护市场秩序、促进公平竞争，推动经济和社会的可持续发展。

5.1.2 公司规避个人实施贿赂行为风险案例

2021年6月23日，美国证交会披露，其于当日获得了一项法院判决，认定被其指控的某跨国银行前员工涉嫌违反FCPA的相关罪名成立，该员工因此须向美国证交会支付约33万美元的罚金。该员工被认定经由一家中介公司向加纳政府官员行贿，帮助某能源公司获取在加纳建造和运营发电厂的项目。虽然该员工利用中介行贿时是跨国银行英国分部的一名高级管理人员，且该能源公司亦为银行英国分部的客户，但可能是由于银行总部和英国分部没有参与前述行贿，且在内部合规监管过程中发现了该员工行贿一事并及时中止了与该能源公司的往来，银行没有成为该案的被告，美国证交会甚至都没有在起诉书中披露银行的名字。

起诉书详细列举了该员工秘密实施这一行贿计划并试图误导公司、躲避公司合规内控制度等举措，包括使用私人邮箱沟通以及故意在关键合规信息中误导公司等。与此同时，这些细节也反映了银行完善的反贿赂政策及合规监控体系，包括：明确禁止向政府官员、国有企业雇员、客户提供有价物以获取业务；要求与交易有关的中介或政治人物的付款均应报告合规部门以寻求批准；要求员工必须使用公司批准的邮件和信息沟通渠道进行公务相关沟通；要求员工在从公司以外的活动中取得报酬前应获得公司批准。

此外，在此后的强化尽调过程中，合规人员通过审阅该员工的工作邮件发现了有中介公司参与的蛛丝马迹，银行最终决定中止参与项目。得益于其全面的第三方合规管控政策和持续加强的合规尽调工作，该银行成功预防了因个别员工的不当行为而带来的风险，从而避免了可能的法律处罚。

5.2 在华跨国公司典型案例

5.2.1　D公司

D公司被揭露在华行贿并虚假报账。事件暴露后，D公司与美国检察官办公室、美国司法部签订了一份认罪协议。在该协议中，D公司承认其违反了美国《反海外腐败法》，认可协议附件中所列违法事实，接受协议的条件。就在D公司与美国检察官办公室、美国司法部签订认罪协议的当天，D公司做出董事会决议，通过了免除当时公司总经理和其他公司高管的决定，并重新进行任命。

虽然这一案件最终以和解结案，但是结合最终的处罚结果以及媒体披露的信息可以看出，D公司的贿赂行为受到了其时任总经理的授意，通过向中方单位提供现金的方式换得订单。美国司法部认定该贿赂行为的对象是经过国家认证程序批准的人员，因此最终认定D公司构成向"外国官员"行贿，违反了FCPA反贿赂条款的相关规定。

5.2.2　R公司

美国R公司因违反FCPA而受到美国司法部的处罚，原因在于其为获得重要的合同而在华行贿。虽然在这个案件中，R公司的行贿金额相对其他案件较小，但这个案件值得关注的地方在于，该案之所以发生并非因为行贿行为的暴露，而是因为美国证监会对于R公司的两个在华子公司的不正当财务记录进行了调查。

根据美国证监会的报告，在本案中，对于R公司的指控主要针对的是其财务制度。

最终，R公司不仅受到了FCPA执法机构的处罚，同时在本案中负责审批相关财务报销凭证的相关财务人员也受到了包括免职解聘在内的相应处罚。

5.2.3　M公司

M公司在中国市场上的商业贿赂案件是一个典型的跨国企业在华商业贿赂案件。该案件曝光后，对该公司的形象和声誉造成了极大的损害，引起了公众和监管机构对跨国企业在全球范围内的商业行为监管和规制的关注。该案件的细节也逐渐被曝光，包括贿赂行为的具体方式、时间、地点和金额等信息，这些细节表明，M公司在中国市场上存在着违反商业道德和法律法规的行为，这不仅破坏了市场公正竞争的环境，也损害了消费者的利益。此外，该案件涉及医疗行业，其影响不可忽视。而商业贿赂行为的存在不仅破坏了医疗行业的公正和透明，也会对患者的健康和安全造成威胁。

该案件的发生也导致监管机构加强对跨国企业在全球范围内的商业行为监管和合规要求。各国政府和监管机构纷纷制定出严格的法规和规定，要求跨国企业在其经营和投资活动中严格遵守当地的法律法规和商业道德标准，以确保其商业行为合法、公正和透明。

M公司在该案件曝光后，采取了一系列的改进和调整措施，以加强其合规和监管体系，重塑其形象和声誉。这些措施包括加强内部合规和监管体系的建设和落实、改进销售和市场推广模式、加强对供应链和第三方合作伙伴的管理等。这些措施的实施不仅有助于M公司避免类似的商业贿赂行为再次发生，也有助于提升企业的商业道德和社会责任感。

5.3 案例比较分析

随着中国对外投资规模的扩大，中国企业面临着严峻的挑战。一旦被卷入美国《反海外腐败法》调查，对企业而言，不仅意味着各类罚款、高昂的法律诉讼抗辩费用等带来的财务损失，还面临着市值下滑、业务和市场份额损失、并购机遇丧失、评级机构下调评级等一系列严重后果。如果由于商业贿赂被追究相关责任，对于中国企业的商誉，甚至整个国家的投资战略发展均将造成难以估量的不利影响。面对美国《反海外腐败法》带来的影响，中国应该积极应对，以更好地维护我国主权和国家利益，并为促进全球腐败治理做出贡献。

5.3.1 企业需要高度重视跨境腐败执法要点及动态

随着经济全球化趋势的不断发展，国际国内两个市场、两种资源的有效利用，"请进来""走出去"战略的深入实施，在大力开拓国际市场的基础上，促进企业廉洁合规管理，对中国企业开展国际贸易尤为重要。

短期内美国《反海外腐败法》的执法趋势不会改变，中国企业有必要接受"普法"教育，明确法律风险是当务之急。跨国企业，特别是那些与外国政府项目和官员合作的企业，要充分了解美国《反海外腐败法》的规定，对该法扩张适用及不当适用有所防范。中国企业首先应判断自身是否属于《反海外腐败法》所管辖的企业和行为范围之内，对于自己的业务合规性风险进行综合全面的评估，并按照法律的要求审慎、合规经营，对全资所有或控股的子公司的财务状况和内控情况进行评估，筛查错漏、鉴别舞弊。如果部分业务存在着类似风险，应当采取相应的措施来进行处理和防范，制定更加灵活的业务模式和业务策略。对外关系方面，在选择合作伙伴、代理商、收购对象时，必须对这些企业做好足够的尽职调查，避免被动陷入《反海外腐败法》的调查和处罚之中。除美国《反海外腐败法》外，世界银行一系列反腐败举措、英国《反贿赂法》等均是中国企业面临的挑战，中国企业对此也应当高度重视。

5.3.2 面对跨境腐败执法我国需要积极开展行动

随着国际民商事活动的日益频繁，加强打击商业贿赂犯罪是一种必然趋势。跨国商业贿赂不再是区域或国家现象，而是危害国际社会经济发展的全球性现象。商业贿赂现象并不仅仅是我国社会存在的孤立问题，而是国际商业领域腐败的一种共性表现。为了有效应对美国《反海外腐败法》的滥用，我国应当积极推动反腐败国际合作，让跨国商业贿赂规制回归到全球治理的框架下。

此外，欧盟、加拿大、阿根廷等采取的一些举措，值得中国借鉴。例如，欧盟于1996年颁布了《反对第三国立法域外适用的条例》，即《阻断条例》（Blocking Statute），以应对美国国内法的域外管辖。事实上，我国在应对域外管辖和制裁方面已经开展了一些立法工作，在有关法律中规定了部分阻断性条款。但现有规定主要限于司法协助领域，涵盖活动范围有限，适用范围需要进一步扩展，以充分维护中国公民和企业的合法权益。

5.4 企业廉洁合规建设要点分析

事实上，部分中国企业在海外投资过程中，往往未能充分重视投资国的廉洁环境以及反腐败法律体系。然而，这一现象也为中国企业提供了提升自身合规管理水平的机会。随着全球反腐败监管日益严格，企业在处理政商关系时，更加注重依法合规和透明合作，不仅能避免潜在的法律风险，还能为项目的长期稳定运营提供保障。中国企业在海外投资中与当地政府的合作仍是必要的，但这种合作应更加注重建立在合法透明的基础上，通过合法渠道与当地政府和监管机构保持积极沟通，以获得政策支持，确保企业在项目运营中的合规性和稳定性。此外，加强企业内部的合规管理和风险防控机制，能够有效应对政府换届等不可控因素，避免因政治变化带来的不利影响。这不仅提升了中国企业在国际市场中的竞争力，也有助于减少可能的法律和经济风险。

5.4.1 外部环境差异造成的腐败风险分析

在外部环境风险中，我国企业不仅面临着西方国家经济制裁的风险，更要应对"一带一路"沿线主要国家带来的政治、经济及安全风险。在中国企业海外投资增速放缓、投资规模整体萎缩的背景下，2021 年中国企业对"一带一路"沿线主要国家和地区投资持续领先整体增速。根据商务部统计，2021 年中国企业在"一带一路"沿线对 57 个国家和地区非金融类直接投资 1309.7 亿元人民币，同比增长 6.7%。[①] 对于中资企业而言，需要认真对待海外投资中的腐败风险以及由腐败衍生出来的次生风险。

"一带一路"沿线主要国家和地区存在一定的地缘政治挑战，部分地区由于历史和地理因素，局势较为复杂。与此同时，个别国家的政局变动较为频繁，政策调整灵活多变，这使得中国企业在这些国家开展业务时需要具备更强的应对能力和战略规划。为此，企业在签署合作协议时应强化合同条款的稳健性，同时注重风险防控，

---

① 徐秀军：《共建"一带一路" 共享繁荣发展》，《光明日报》2022 年 4 月 27 日，第 12 版。

以确保项目的持续性和稳定发展。在法律方面，"一带一路"沿线主要国家和地区的法律环境各具特色，不同国家的法律体系和规范存在差异。这要求中国企业在投资和运营过程中深入研究并适应当地的法律规则，灵活应对可能的法律变化和风险。通过加强对不同国家法律制度的了解，企业可以更好地确保合规运营，提升跨国业务的稳健性。总体而言，中国企业需要强化合规管理、加强对当地政策和法律环境的研究，在"一带一路"沿线主要国家和地区实现稳步发展。

5.4.2 内部治理不足造成的腐败风险分析

1. 企业管理层对合规治理风险缺乏重视

已有法律和制度文本明确强调，合规是一项需要企业高层高度重视的内容，已有案例表明企业管理层对合规治理的漠视是腐败发生的重要风险点。在国家层面，英国2010年颁布的《反贿赂法》第7条明确规定在商业组织未制定并实施预防贿赂犯罪的内部合规程序，履行犯罪预防义务，从而导致贿赂行为发生的情况下，就可以追究其刑事责任。2016年法国通过的《关于提高透明度、反腐败以及促进经济生活现代化的2016-1691号法案》（又称为《萨宾第二法案》）第17条规定，建立合规制度是相关企业及其高管人员应当履行的一项积极义务。如果企业没有主动建立合规管理制度，企业可能将面临巨额罚金，企业高管可能面临监禁。

2. 企业合规治理机制不够健全

各级各类企业合规管理的建设内容以及水平等方面存在的问题是企业内部存在的腐败风险点之一。其中主要存在的问题是合规组织架构不健全、制度较分散。截至目前，我国所有的中央企业都建立了合规委员会，合规部门与其他部门间职责界定有待进一步厘清。这导致企业的合规工作散落在不同业务条线上。比如，法务部门往往关注法律文件审核、诉讼或仲裁等法律问题，反腐败、反贿赂则由纪检监察机关负责，海关报关、关税问题常由关务部门或者税务部门负责，等等。而在部门职责上，即便有的企业将合规工作放在法务部门，但由于没有对部门间职责进行清晰界定，因此不可避免地出现职责交叉重叠或者职责真空的现象，不利于整体效能的发挥。

民营企业党组织对廉洁合规建设统领工作有待加强。另外，对于成立了合规管理部门的民营企业而言，其职能定位也或多或少存在模糊不清的问题。绝大多数民营企业的合规管理部门没有独立设置，或者与其他部门合署办公，或者作为其他部门的下属子部门，其独立性和权威性难以得到保障，既无法将廉洁合规风险的防范问题纳入企业最高管理层的视野，也难以向董事会及时报告廉洁合规风险问题。与合规部门或人员配置不到位相对应，大多数企业也没有建立统一的合规体系，合规制度散见于企业规章制度、作业流程中，合规制度的分散，一方面不利于员工掌握和操作，另一方面也容易出现规定不统一、相互矛盾或者规定真空，从而隐藏着较大的不规范风险。

3. 平衡合规要求与商业运作经验不足

对企业来说，合规需要企业投入部分人力、物力来搭建合规体系，也需要企业反思过往经营活动中不合规甚至不合法的行为，短期来看增加了企业的成本开支，同时也对企业的运营规范化提出了更高的要求，使某些业务会因为不合规而无法开展。有些企业早期为了生存和发展，在运营中难免存在不规范行为。建立完整有效的合规体系不仅是符合我国党风廉政建设与反腐败斗争大环境的有力举措，也是企业长远发展的有效措施。需要看到除了监管机构的外力推动，也有越来越多的企业认识到"合规创造价值"。一方面，反海外腐败合规管理制度是企业无责任抗辩或无罪抗辩的法定事由，同时企业可以凭借反海外腐败合规管理制度切割企业责任与员工、子公司、第三方和被并购企业的法律责任，这充分说明专项合规和整体合规管理机制是公司治理体制中不可分割的重要部分，企业也将以此获得潜在的巨大收益。另一方面，合规体系的建立和有效运作可以真正起到风险防范的作用。只有当企业注重打造自身的反腐文化，增强合规经营的意识，将合规理念融入企业日常的运营，才能在合规法律风险发生、企业自身利益受到重大损失之前就预先防范、有效控制。

5.4.3 国别差异下法律与制度的风险分析

1. 实体法律的冲突

企业经营所处的不同国家和地区存在不同的法律规定，也可能属于不同法系。因此，从实体制度到程序要求再到部门架构、司法体系等，都可能存在冲突。对企业来说，可能遵守了 A 国反海外腐败的法律和监管机构的要求，但触犯了 B 国法律法规的要求。

例如，各国法律对是否允许企业向行政部门官员支付"疏通费"存在冲突。FCPA 允许小额且合理的疏通费，即公司支付给行政官员合理金额的费用以执行常规的政府行政行为。疏通费通常发生在公司有资格享有某些政府行为或行政许可事项，且该事项不属于行政官员的自由裁量范围。但英国《反贿赂法》则严格禁止疏通费的存在，无论该疏通费是否给予特定的行政官员以处理特定的行政事项。

出现以上法律冲突在客观上是不可避免的，因为各国法律存在不同程度的差异。对于企业来说，需要在法律专业人士的帮助下，结合企业运营的实际情况，考虑法律冲突对企业业务的影响，做出全面的评估。例如，在美国合法的疏通费可能被英国监管机构处罚和调查，企业为了内控考虑，可能需要在运营中一概禁止所有类型的疏通费；同时，企业也需要考虑一概禁止疏通费在成本收益上带来的影响，比如在培训、法律审核和监督责任方面是否会因为禁止所有类型的疏通费而付出不成比例的成本。总而言之，企业需要在专业人士的帮助下，结合自身情况，制订具有实操性的应对方案。

2. 执法标准的差异

如何定义"腐败"是全球各法域面临的难点。尽管各地区和各国的法律对于腐败和贿赂的认定均是从犯罪主观意图、主体、客体、客观行为加以认定，但各地区和各国的执法、司法机构对于犯罪要求的认定和评判标准存在差异。

例如，FCPA 在 1988 年修订时，在反贿赂条款中加入两个法定的肯定性抗辩理由。根据该条款，如果外国的法律法规允许部分款项的支付，即便类似情况在美国构成行贿，由于肯定性抗辩存在将不构成对 FCPA 的违反。如果行贿者在行贿后自愿报告或主动举报该贿赂行为，则行贿者将不承担法律责任并免于被起诉，法律只处罚受贿者。但此类抗辩并非一定会被美国法院认可，如在该案中，美国一审法院和联邦第二巡回上诉法院就都驳回了被告的肯定性抗辩，仍然认定被告构成对 FCPA 的违反。对于企业来说，需要熟悉当地法律的规定，避免海外运营中的经济活动违反当地法律。

3. 企业与个人行为界限的模糊

企业开展海外业务的另一个难点即是如何对当地员工、子公司、第三方（如当地合作机构、分销商等）和被并购企业进行合规管理。在过往案例中存在跨国企业对当地员工行为在内部管理上存在严重缺失，从而被法院认定违反了 FCPA。

在司法实践中，英美法对企业法律责任的追究遵循"严格责任"的法理。即法律推定企业对于员工、子公司、第三方和被并购企业的违法犯罪行为具有主观过错，需要承担相应的法律责任。要推翻以上推定的法律责任，企业需要承担举证责任，而最具有说服力的无罪抗辩理由即是企业是否建立并落实合规体制。涉及 FCPA 的过往案例中，定期培训和及时处理违规行为均可构成有效的无罪抗辩理由。例如，企业往往可以通过针对员工和中高层的定期合规培训，来证明自己对员工和管理层尽到了注意和管理义务。此外，一旦企业通过内部风控和调查发现了违规行为，如果进一步对责任人进行了追责和处罚，企业也可以此证明自己对公司的合法合规经营尽到了注意义务。

从积极角度来说，企业通过加强对员工、子公司、第三方和被并购企业的反海外腐败合规管理，可以有效实现自我监管、公司治理和可持续发展。而从消极角度来说，只有建立有效的反海外腐败合规管理体系，设立"防火墙"，才能将涉案员工、子公司、第三方和被并购企业的违法行为与企业区分开，企业才能有效规避海外运营中的法律风险。

综观过往案例，一方面，企业应研究当地法律找出差异点，避免员工的日常工作行为触犯当地的反海外腐败法律和相关刑事法律；另一方面，企业应预先建立合理且符合企业特定风险点的反腐败合规和监控体系，对员工的日常行为做足预防并定期就相关法律问题进行培训。

| 6 |

企业廉洁合规建设的典型做法比较分析

　　随着企业廉洁合规建设的相关理念逐步完善，国内外许多企业都开展了廉洁合规建设的试点工作乃至全面建设。为提炼企业廉洁合规的先进经验与成功做法，本章对企业廉洁合规方面具有典型性的相关企业进行了案例分析与比较，对不同企业在廉洁合规管理工作层面已经进行的相关制度探索与实践经验进行提炼与总结，为优化企业廉洁合规建设工作的理念、内容以及实践提供有益启示。

6.1　Z集团：以大合规体系撬动监督工作

　　2016年，国务院国有资产监督管理委员会选定五家中央企业作为合规管理体系建设的试点企业。其中，Z集团通过整合党内监督体系、法律风险防范体系、内控体系及全面风险管理体系，建立了全面的合规体系。该集团由风险管理部（法律合规部）牵头，推动建立了一个贯穿治理层、管理层和执行层的合规管理组织体系，强化了横向与纵向相结合的合规管理制度，并在关键领域进行合规管理和审查。通过开展多样化的合规培训和宣传，Z集团培育了一种从高层到全员都积极参与合规，认为合规能够创造价值的文化，成功将合规管理体系扩展到核心产业的主要公司，并在 2019 年实现了全面覆盖的目标。此外，集团还编写了内部合规运营手册，对合规管理工作的理念、要求和管理目标进行了详细规定，进一步加强了合规管理体系的建设。

6.1.1 合规要求

Z 集团严格按照《中华人民共和国公司法》《中央企业董事会工作规则（试行）》等法律法规及政策文件要求，围绕可持续价值创造能力和核心竞争力提升，持续完善公司治理，充分发挥董事会定战略、做决策、防风险功能作用。

Z 集团持续健全权责法定、权责透明、协调运转、有效制衡的公司治理机制。为提高决策效率，按照"授权不免责""重大和高风险投资项目不授权"原则，合理确定授权决策事项。同时，系统梳理、准确把握党委、董事会、经理层及其他治理主体的关系，明确各治理主体在决策、执行、监督各环节的权责和工作方式，基本构建起系统完备、科学规范、运转高效的现代企业决策及授权体系。

Z 集团和全体员工的经营管理和执业行为应当符合法律、法规、规章及其他规范性文件、行业规范和自律规则、各单位章程、股东（大）会议事规则、董事会议事规则、监事会议事规则及规章制度的要求，并应当遵守行业公认并普遍遵守的职业道德和行为准则，守法合规、忠诚爱岗、廉洁自律、公平诚信。

6.1.2 合规管理目标

Z 集团的合规管理目标是通过建立健全集团合规管理体系，普及"合规从高层做起、全员主动合规、合规创造价值"的合规文化，有效识别和管理合规风险，实现从"要我合规"向"我要合规""我能合规""共同合规"的不断进步，努力提升集团依法治企能力和合规管理能力，确保依法合规经营，维护和提升 Z 集团的良好声誉和品牌价值，助力集团建设具有全球竞争力的世界一流企业。

6.1.3　合规管理体系

Z 集团合规管理体系包括合规管理制度体系、合规管理组织体系、合规风险管理机制和合规文化建设机制。合规管理制度体系是指各单位建立的、由不同层次和不同形式的管理制度文件组成的企业合规管理活动的制度性、规范化安排。主要由以下部分组成：合规管理基本制度，确立合规行为准则，适用于企业及其全体员工；专项合规管理办法，规定具体合规管理行为规范，适用于企业特定管理行为及相关管理人员或业务单位及其员工；合规管理工作流程，根据合规管理基本制度和专项合规管理办法，明确合规行为准则和具体合规管理行为规范的执行程序，即合规管理各参与方履行职责的程序，适用于合规管理基本制度和专项合规管理办法规定的适用范围；合规管理工具，合规管理工作流程中使用的合规管理辅助手段，包括管理表单、问卷、信息化工具等；合规工作方案，根据合规管理制度和实际需要制定的合规管理体系建设方案。同时，Z 集团也高度重视利用信息化手段强化合规管理体系的建设和运用。

6.1.4　合规管理理念

1. 强化法律合规审核，前移合规风险防线

Z 集团构建主营业务标准合同体系。2016 年以来，Z 集团统筹各单位全面开展标准合同体系建设，制定覆盖核心主营业务和日常经营管理行为所需的标准合同 2600 余份，建立了年初计划、年中执行、年终盘点的常态化标准合同更新机制，在提升合同质量和审核效率的同时，有效降低了经营风险。确立重大事项法律合规人员提前介入机制。把合规审查作为防控风险的第一道防线，通过制度、

流程、系统确保法律合规人员提前介入重大项目合同谈判和审核，各单位 500 余项非标准合同审核流程将法律合规审核设为刚性节点，重大项目法律合规审核率达到 100%。

2. 因地制宜制定具体合规实施细则

Z 集团作为多元化经营的央企，业务涵盖了港航物流、公路经营及建设、工业制造、房地产及园区开发、外贸、银行证券等，如果采取"一刀切"，施行统一的合规制度，很难进行管理。招商银行等金融行业成熟的经验并不能满足集团内其他行业的需要。因此，Z 集团挑选几家处于不同行业，并且较易出现合规问题的下属企业作为集团内试点单位，取得经验后再全面推开。具体做法是由集团制定合规管理的原则性规章制度，然后各下属企业根据自身需要再制定实施细则。比如，在金融、地产等行业，常常会发生内部关联交易，Z 集团应国家审计署等上级监管单位的要求，制定了《关联交易合规指引》，规定了需要特别监管的交易范围、人群及监管办法等一些原则性的规则。所列的重点监管范围主要是企业与个人之间的关联交易，重点监管人员主要是企业的高级管理人员和关键岗位人员，先把需要特别监管的范围和人群界定清楚，至于具体的合规管理规则，则要求下属单位依据国家监管机构的监管规则和集团的《关联交易合规指引》，结合自身特点来制定。

3. 合规管理融入企业文化建设

合规管理涉及面广，国资委虽然将合规管理纳入法律工作的职责范围，但是 Z 集团敏锐察觉到只靠法律部门是难以全面推动这项工作的，一定要与各相关部门密切配合，在法律部的牵头指导下，由各部门依据各自的工作职责和管理制度共同推动，把合规管理融入到企业管理的各个方面，融入到平时的企业文化建设中，才能将其嵌入到每一位员工的心里，才能使全体员工在工作中处处考虑自己的工作是否合规，形成一种自觉的合规文化。

4. 在海外投资及时转变经营思维

随着中国对外开放的不断深入，Z集团已经在全球范围内布局，其业务遍及超过一百个国家，涵盖多国港口经营项目等。面对海外经营的复杂性，该集团提出了一系列管理原则，"不姑息违法经营、不鼓励钻法律空子、不迁就冒险经营、不贪图不当得利"，反映了其对合规管理的基本态度和要求。在进入不同文化和法律环境的国家时，Z集团采取了相关措施以适应当地环境，包括内部培训和聘请当地专业人士进行文化及法律方面的培训，旨在帮助员工理解和尊重当地的商业习惯和文化差异，以期降低文化不适应或法律问题引发的合规风险。Z集团的这些做法，旨在平衡企业发展与合规管理之间的关系，避免潜在的法律与文化风险。虽然这种努力在一定程度上提升了集团的国际形象，但同时也面临着持续的挑战，包括如何更深入地理解复杂多变的国际市场环境，以及如何有效实施合规策略以适应不同国家的法律法规和文化习俗。这些实践和探索，为Z集团乃至其他中国企业提供了学习和调整的参考，反映了我国企业在"走出去"过程中面临的共同挑战和机遇。

6.2 X集团：以合规管理体系促进 廉洁风险预防

作为全球电子与电气工程行业的领军企业，X集团业务涵盖了工业、能源、医疗和基础设施与城市服务等关键领域。在2006年末，面对贿赂指控，X集团迅速响应，部署了一系列措施加强合规和廉洁，包括成立覆盖全球的合规架构、实施全面的合规计划和发布一系列指导原则，规范各级员工的合法合规行为，构建了业界领先的合规管理体系。

6.2.1 独立的合规组织体系

X 集团打造了一个既独立又具备权威的合规机构体系，以首席合规官为核心，该官员向集团总法律顾问汇报，并有权直接向管理委员会及监事会提出报告。总法律顾问则向 CEO 直接汇报。在此架构下，首席合规官领导的团队在集团的不同业务单元和地区公司中指派了专门的合规官，负责监督和执行合规事务，并向首席合规官汇报进展情况。

集团内的业务部门及 80 多个地区公司通过指派合规官和区域合规官，实施合规措施和进行员工培训。这些措施旨在确保管理团队每两年重新确认对商业行为准则的承诺，并负责调查任何违规行为，保障举报者不受报复。一旦违规行为得到确认，相应的合规官将负责执行纪律处分。此外，X 集团还在各个职能部门、业务单元、海外分支机构及医疗部门中分配了数百名合规人员，这些人员的选拔需要同时考虑业务规模和相关合规风险。为确保合规团队的独立性，X 集团特别强调避免任何职责上的利益冲突，禁止合规团队成员在其他部门兼职。

6.2.2 健全的合规制度体系

《商业行为准则》是 X 集团合规体系的核心，定义了所有员工的行为准则，确保"只有清廉的业务才符合 X 集团的标准"。该准则详细分为八个部分，包括基本行为要求、与商业伙伴及第三方的互动、避免利益冲突、公司资产的使用、环境保护、安全与健康、提出投诉与建议、合规的执行与监督等，从而为 X 集团的合规操作提供了全面的合规框架。

这份《商业行为准则》旨在为 X 集团员工提供一个明确的道德及法律框架，指导其在全球范围内的商业行为，适用于集团及其所有子公司的员工。新员工在入职时会接收到这份准则，并通过签署声明书形式确认其对公司规定的理解及承诺遵守，以此确保其行为的规范性。

6.2.3 完善的合规防范体系

防范体系在 X 集团中被定义为一套对潜在合规风险的预防性策略。该集团的合规风险防范体系由六个关键部分构成：合规风险管理、策略与流程的制定、培训与各种沟通方式、提供咨询与支持、与人力资源流程的整合、共同行动及廉洁行为项目等。在这个体系中，合规风险管理、培训与各种沟通方式被视为核心要素，确保所有业务操作遵循法律规定和 X 集团的《商业行为准则》。

决策过程中，如参与投标或股权收购等，需先进行合规风险评估。同样，在与商业伙伴合作前，也须从合规角度审查其信誉，基于审查结果由高层管理决定是否合作或采取降低风险的措施。除此之外，X 集团还实施了一套旨在全面识别合规风险的管理系统，采用自上而下和自下而上的方法，确保对公司内所有业务部门的合规风险进行有效监测。

此外，X 集团特别强调向全体员工传达法律规定、合规制度及流程，通过定期培训，持续强化管理层和员工对合规的认识。公司还通过更新内部网络信息等方式，保持与员工的持续沟通，确保他们随时了解最新的法规、公司政策及合规工具。同时，内部沟通策略也旨在不断强化高层对合规重要性的态度，并通过各种媒介和活动在所有层级中传达这一信息。

X 集团还建立了"建议与支持系统"，允许管理层和员工直接向合规官咨询，确保在处理业务决策中的合规风险和规定时，能获得准确的解释和应用指导。通过这些措施，X 集团旨在将诚信和合规的原则深植于员工的思维中，培养出一种独特的合规文化。

6.2.4 严密的合规监察体系

X集团的合规监察体系由四个关键流程构成：控制管理、审计、投诉处理和责任报告。此外，该集团引入了全球特派调查官制度，这一措施增强了对员工和第三方投诉的处理能力，补充违规报告通道。控制管理流程要求负责此项任务的人员在业务执行过程中进行持续的监控和随机检查，确保所有项目遵守反垄断和反腐败法规。审计流程涉及对公司内部的合规体系执行情况进行定期审查，以识别和解决任何违规行为。投诉处理流程允许员工向上级管理部门、人力资源经理或指定的其他个人或部门提出投诉或报告违规行为。责任报告流程是指收到投诉后，首席合规官将启动专项调查，该调查由审计团队执行，并将结果报告给审计委员会。所有投诉将被严格保密，保证投诉者不遭任何报复。

此外，员工也可以直接向全球特派调查官报告问题。这些调查官通常是受雇于公司的执业律师，负责调查违反商业行为准则或法律的行为。如果调查确认了违规行为，特派调查官会将信息转达给合规部门以启动进一步的调查。

X集团还设立了"Tell Us"合规帮助平台，作为全球特派调查官职能的扩展，使员工、客户及合作伙伴能够以多种语言通过互联网或电话报告任何违法、违规或犯罪行为。该平台由外部专业公司运营，确保每一项报告都得到保密处理。每封由X集团员工发送的电子邮件末尾都会附有一段提示信息，即如果发现任何违反商业道德或法律的行为，尤其是违反反腐败法和反垄断法的行为，应联系"Tell Us"合规帮助平台。

6.2.5 及时的合规应对体系

X集团的应对体系旨在对违规行为进行快速的发现、调查和处置，确保对违规者实施相应的处罚并在全球范围内追踪处理结果。任何人，包括 X 集团的员工、第三方或其他相关人员，都能通过既定的举报系统或联系独立的特派调查官来报告违规行为。

收到报告后，X 集团的合规部门将立即启动审查和评估流程。这一流程中，业务单位的合规官负责初步审查提交的材料，若认为举报内容具有可信度，则进一步深入调查以确定是否需要开展更全面的内部调查。首席合规官有权下达集中调查的命令。调查完成后，合规部门需编制一份详细的调查报告，其中包括调查发现的所有事实、法律评估及纪律处罚的建议。此外，报告还需针对调查中发现的任何系统性漏洞提出改进措施。

对于那些违反公司商业行为准则或任何相关法律法规的员工，X 集团设立了两套惩戒机制。一是由集团纪律审查委员会在全球层面上执行纪律处分，首席合规官为该委员会的常驻成员。二是当集团纪律审查委员会的权限不适用时，由相应的业务部门负责人和人力资源部门根据标准纪律程序来执行处罚，确保处罚措施遵循合规规定。在执行纪律处罚前，需对处罚结果进行评估，无论是在集团层面还是地方层面，执行处罚的部门都必须考虑案件的所有细节，并尊重员工代表的意见和共同决策权。

6.3 案例总结与分析

Z 集团作为国资委首批合规试点企业，结合合规手册的制定已经形成了较为完备的合规管理机制。X 集团作为大型的跨国制造业集团，通过合规委员会对企业日常的经营管理工作进行全流程的监督。本次案例分析选择的企业涵盖了包括跨国企业、中央企业在内的不同所有制以及管理体制的企业，结合各自类别的企业做法以及相关经验探索，总结内容如下。

6.3.1 强化制度的监督，有力促进廉洁合规的提质增效

强化制度的监督是推进廉洁合规提质增效的重要措施。通过加强对企业廉洁合规制度的监督，可以有效预防和发现潜在的违规行为，提升合规管理的水平，进一步确保企业运营的廉洁性和透明度。通过以上的案例分析比较，在优化合规体系建设过程中，可以着重从以下几个方面发力。

首先，建立独立的监督机构是确保监督工作有效性的关键。机构应该具备独立性和权威性，负责对企业廉洁合规制度的执行情况进行监督。它需要拥有足够的资源和权力，能够开展全面的监督和评估工作。同时，该机构应与政府、行业协会等利益相关方进行有效的合作，确保监督工作的全面性和公正性。

其次，内部控制和审计的加强对于制度监督至关重要。企业应建立健全内部控制体系，包括规范的审计程序和流程。内部审计是对企业廉洁合规制度执行情况的重要检查手段，能够发现潜在问题并及时采取纠正措施。通过加强内部控制和审计，企业能够及早发现和解决合规方面的问题，提高管理水平和运营效率。

此外，外部监督和社会参与也是强化制度监督的重要环节。政府监管部门、行业协会、媒体、公众等都可以发挥监督作用，通过对企业廉洁合规情况的关注和监督，推动企业合规意识的加强。社会参与可以通过舆论监督、举报等方式，帮助发现和揭示违规行为，进一步推动廉洁合规水平的提升。

总之，强化制度的监督对于促进企业廉洁合规的提质增效具有重要作用。通过建立独立的监督机构，加强内部控制和审计，以及引入外部监督和社会参与，可以提高廉洁合规制度的执行效果，增强企业的合规能力，为企业持续发展和社会责任建设提供坚实的基础。只有不断加强制度监督，确保廉洁合规得到有效落实，才能建立诚信经营的良好环境。

6.3.2 充分整合监督力量，构建大合规体系下的新型监督模式

目前，在合规管理的实践层面，如何构建融合下的大合规体系，充分融合上级监督、企业内控、法务等部门的监督力量仍然是各个企业在实践管理中的重大难题之一。在案例分析中，不管是中央企业、外资企业还是民营企业等，都在努力融合现有的监督力量，促进各个层面的监督力量同向发力，实现企业廉洁合规管理的实践创新与突破。通过以上的案例分析和比较可以得出以下启示。

首先，建立跨部门合作机制构建新型监督模式。通过建立跨部门的合作机制，不同监督部门之间可以共享信息、资源和专业知识。通过定期的沟通、协调和共同制定监督计划，可以实现监督力量的融合与整合。此外，引入专业的第三方机构。企业可以委托独立的第三方机构进行合规审核和评估，以提供客观、中立的监督意见。这些机构可以从专业角度出发，对企业的合规管理情况进行全面评估，并提出改进建议，帮助企业优化合规管理体系。

同时，建立公开透明的监督机制。企业应积极主动地向股东、员工和社会公众公开相关的合规信息，接受外部监督和舆论监督。透明的监督机制能够提高企业的信任度，增强廉洁合规管理的有效性。

综上所述，构建融合下的大合规体系，充分整合已有的监督力量是一个复杂而重要的任务。通过建立跨部门合作机制，引入专业的第三方机构，以及建立公开透明的监督机制，企业可以逐步解决这一难题，并在实务管理中实现廉洁合规的创新与突破。

6.3.3 充分利用信息化手段，实现数字监督的新模式

充分利用信息化手段，实现数字监督的新模式，对于促进企业

廉洁合规具有重要意义。在开展廉洁合规建设的过程中,信息的全面、准确、及时是关键。因此,为提高防控效率,增强防控效果,借助科技力量改进、优化防控机制,建立专门的廉洁合规管理系统至关重要。采用信息化手段能够有效地减少人为因素对业务流程的影响,避免过多的自由裁量权,使流程更规范化,同时对于识别、监控廉洁风险具有重要作用。此外,信息化手段的运用,也便于对相关业务流程进行留档和追溯,为留痕管理和追责问责创造了便利的条件。依托信息化手段助力海外廉洁合规管理工作,是推动"事后监督"转向"事前和全程监督"的有效途径。可见,利用信息化手段,加强对廉洁合规风险点的精准识别、及时监测和有效管理,是当前开展廉洁合规工作的重要举措,也是廉洁合规工作的未来趋势。

具体而言,这一模式利用现代科技和数字化工具,通过数据收集、分析和监测,提升监督的准确性、实时性和全面性,从而有效地发现和防范违规行为。首先,数字监督能够实现大规模数据的实时采集和分析,从多个维度全面了解企业的运营情况。通过建立信息系统和数据库,监管机构可以收集企业的财务数据、交易记录、合规报告等信息,实时监控企业的合规状态。同时,借助数据分析技术,可以对大量数据进行挖掘和模式识别,发现异常行为和潜在风险,提前采取相应措施。其次,数字监督提供了高效的信息共享和协同合作平台。监管部门、企业内控部门、第三方评估机构等可以通过数字化平台进行信息共享和协同工作,实现监督力量的整合和协同发力。各方可以共享实时数据、检查结果和风险提示,加强对企业的联合监督和风险防控。此外,数字监督还可以提供智能化的预警和风险评估功能。基于大数据和人工智能技术,可以建立风险预警模型和智能监控系统,及时发现潜在的违规风险。监管机构和企业可以通过系统自动化地识别异常交易、异常行为和潜在违规线索，快速采取措施，降低违规风险的发生。最后，数字监督还可以提供全程可追溯的监督过程。通过数字化记录和存档，可以确保监督活动的真实性和可追溯性。监管部门和企业可以准确记录监督过程中的重要信息和决策，为后续的审计和调查提供有力证据。

综上所述，充分利用信息化手段实现数字监督的新模式，能够增强监督的效能和准确性。通过实时数据采集和分析、信息共享和协同合作、智能化预警和风险评估，以及全程可追溯的监督过程，数字监督为企业廉洁合规提供了强有力的支持，有效预防和遏制违规行为，推动企业合规管理的创新和发展。通过案例的分析不难发现，企业廉洁合规建设不光对于自身的管理与制度完善有着较大的带动和促进作用，还具有强大的外部效应，企业廉洁合规建设的外部效应是多方面的，包括促进公平竞争、提升社会信任、保护利益相关者权益、改善治理结构、促进社会经济可持续发展等。通过遵守法律法规和诚实守信，企业能够打击腐败和不正当竞争行为，维护市场公平性，树立良好声誉，并获得社会的认可和支持。廉洁合规建设还能保护各方利益相关者的权益，营造公正和谐的利益共享环境。同时，它提升企业的治理水平，加强对企业决策和运营的监督与控制，增强企业的稳定性和可持续发展能力。最重要的是，廉洁合规建设促进形成良好的商业环境和社会秩序，为经济的可持续发展提供有力支撑，为社会的长期稳定与繁荣做出积极贡献。

| 7 |

企业廉洁合规评价指标构建

　　企业廉洁合规评价体系旨在通过指标体系的评估促进企业完善廉洁合规相关制度设置、提升风险防控能力。归根结底，本指标体系是围绕廉洁合规能力建设构建的一套具有普适性的企业廉洁合规评价体系。评价体系的构建布局以及后续评价工作的开展将重点结合企业运营管理实际、充分考量数据的可获得性以及真实性。评价指数的构建基于廉洁合规的理论探索与实践积累。本章首先从企业廉洁合规的相关概念入手，确定企业廉洁合规评价的内涵和目标，依据合规的相关理论，探讨企业廉洁合规评价的本质，并在此基础上对指标构建的思路、数据来源及评价方法进行总结。

7.1　理论依据

　　企业廉洁合规评价是一项涵盖政治、经济、法律等领域的跨学科研究。就方法论而言，企业廉洁合规评价涉及多项指标的综合评价以及复杂系统的识别。但是，定量研究的基础是必须有一个系统又有说服力的定性方案。能否建立起科学合理的企业廉洁合规评价基础理论是企业廉洁合规评价研究的重要问题。

　　企业廉洁合规相关的理论探索与实践成果早已有之，但是针对当下我国企业"走出去"过程中面临廉洁合规管理困境而进行的专门研究，尤其是以廉洁为抓手进行的合规研究与评价机制仍较为缺乏。本节梳理学界、国内外政府、政府间国际组织、非政府组织、第三方反腐败评测机构对于该问题的相关概念界定、有关论述以及制度规定，总结现有成果的可取之处，为构建我国的企业廉洁合规评价体系奠定理论与实践基础。下文就指标体系涉及的相关概念进行说明。

7.1.1 企业合规管理

目前，学界和官方机构关于合规管理概念的探讨较多，但是有关合规具体指的是什么、"合规"的范围一直存在争议。例如，《中央企业合规管理指引（试行）》等政府的相关文件就明确了合规管理的目标，即以公司和员工的经营行为为目标，进行有组织、有计划的管理活动，包括制度制定、风险识别、合规审查、责任追究、考核评价、合规培训等。以上是官方的规范定义，可见，规范管理的主体是公司，其管理对象是公司的业务和员工的工作，合规性管理是为了防范合规性的风险，保证公司的经营在合法的轨道上运行。其中，合规风险是指公司和雇员由于违规而引发的法律责任、相关处罚、经济和损失等不良后果。按照《证券公司合规管理试行规定》的定义，合规性管理是指证券公司在规范运作、营造合规文化、防范合规风险等方面进行的行为。遵从管理是一种"公司的核心风险管理行为"。合规化管理包括三个方面的内容：①合规性管理是建立在证券公司合规风险基础上的一种事前管理行为，它是一种对证券公司监督行为的扩展，是一种内在需求；②券商的遵从管理机构应与监管部门的目标保持高度一致；③符合性管理是一种全方位的经营行为。

合规风险是指证券公司及其工作人员因违反法律、法规或准则而遭受法律制裁、监管措施、财产损失或名誉损失的风险。合规文化的核心思想包括员工合规、合规从高层做起、主动合规、合规创造价值。合规管理的基础和标准主要包含四个方面的要求：一是遵循法律法规和政策；二是遵循商业规则和行业规范；三是遵守企业内部规章制度、对外合同；四是遵循社会公德和职业道德。笔者认为，合规化管理是依法治企的具体表现，是根据企业的经营特点，制定实施合规制度，防范合规风险的一系列组织、计划、程序和方法，涉及企业经营管理的方方面面。

中国企业在经营管理中面对许多危机和风险。为了确保企业的所有决策、经营、管理行为符合法律法规的规范以及不违背基本的社会伦理道德，企业需要建立一系列的制度流程来规避风险，这也被称为合规管理。企业合规的本质在于"全面风控"，而不只是法律风控，它包括治理结构、内控机制、责任价值三个维度。在此基础上，更高水平的合规还要推动内在的自动化守规。

合规通常包含以下三层含义：一是遵守法规，即公司总部所在国和经营所在国的法律法规及监管规定；二是遵守规制，即企业内部规章，包括企业的商业行为准则；三是遵守规范，即职业操守和道德规范等①。现代企业的合规界定包括三个层次：国家颁布的法律和政令、企业自身制定的共同体规则和协定、自由市场所要求的一般性诚信伦理。有学者认为，广义"合规"指企业在经营活动中包括各个生产和经营环节以及涉及相关利益主体的合规，而狭义"合规"则聚焦反对各种形式的商业腐败的合规。万方②指出，美国联邦量刑委员会在1987年《联邦量刑指南》的基础上颁布了《组织量刑指南》，正式引入了企业合规（Corporate Compliance）。他指出，最

---

① 王志乐：《我国企业"走出去"与合规经营》，《国际经济合作》2012年第11期，第19~20页。
② 万方：《企业合规刑事化的发展及启示》，《中国刑事法杂志》2019年第2期，第47~67页。

初企业合规仅作为行业自律与企业自我监管举措，在政府监管与执法较为严格的行业或领域（例如金融行业与反垄断领域）施行。随着美国政府监管的强化，大量的监管政策、法案与判例确立，促使企业合规逐渐由一项行业自律与企业自我监管的举措转变为企业内部侧重威慑、预防违法犯罪行为的内控机制，并呈现出"刑事化"的发展趋势。比较成熟的企业合规体系至少有三个部分：完善的公司治理结构；稳定、连续、可行的内控机制；明确的、被严格遵循的企业社会责任价值[①]。

中国企业建设合规管理体系应当从以下方面入手：①合规应该作为公司的基本价值理念，企业的董事会应该将合规理念写入企业的章程；②要制定符合公司运营实际和战略目标的合规制度；③要有完善的合规管理组织，应该由董事会、独立合规部门、高级管理层三个层级组成；④建立系统的合规监管机制；⑤建设企业合规文化。王志乐[②]指出，强化企业合规经营是促进中国企业对外投资健康发展的关键所在，为此，需要总结和推广强化责任合规经营的成功经验，建立和健全公司内部的合规体系，加强合规风险预警和控制机制。

合规是规制理论在企业经营管理过程中的具体体现。合规的内涵与外延丰富，涉及企业管理的方方面面。基于我国企业在经营管理过程中表现出来的风险与实际问题，本书从公共管理学科的视角出发，提出了廉洁合规的概念。在概念的定义上，本书中廉洁合规指的是企业在经营过程中涉及与廉洁相关的合规风险。在理论上，本书所指的合规更多的是狭义视角下的合规，并非广义的合规。具体来说，本书所指的是涉及廉洁方面的合规。合规的内涵是规制，

---

① 杨力：《中国企业合规的风险点、变化曲线与挑战应对》，《政法论丛》2017年第2期，第3~16页。

② 王志乐：《我国企业"走出去"与合规经营》，《国际经济合作》2012年第11期，第19~20页。

但是廉洁的内涵具有行业以及领域特色，廉洁合规也是处于中国治理语境下的一种治理模式。在本书的语境下，廉洁合规是一种预防廉洁风险的合规模式，但是这个概念不仅包括传统的反商业贿赂合规，还涉及廉洁方面的一系列合规管理措施。与管理措施相对应的则是廉洁合规所指代的相关管理与运营风险。合规与合规风险的概念相对应，合规的制度措施与安排主要是针对合规风险而产生。合规就是针对措施做的具体制度安排，所以廉洁合规所包含的内容要比涉及企业商业贿赂的合规内容范围更大，包含的要素也更多。结合合规与廉洁的概念界定，本书尝试就廉洁合规相关概念涉及的内涵与外延形成概念的示意图（见图7-1）。从概念定义层面而言，廉洁、合规二者的概念内涵有交叉但不重合，廉洁合规的内容截取了两个概念的重合部分。

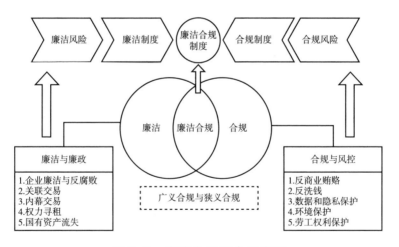

图7-1　廉洁合规概念示意图

7.1.2　公司治理

公司治理是对公司权力配置的一种机制，狭义上说，就是处于企业所有权层面的专业管理人员在履行职责时，就其职责行使监督功能。基于经济学专业立场,企业有两个权利——所有权和经营权,二者是分离的。企业管理(Corporate Management)是建构在企业"经营权层次"上的一门科学,讲究的就是企业所有权人向经营权人授权,经营权人在获得授权的情形下,为实现经营目标而采取一切经营手段的行为。与此相对应的,公司治理(Corporate Governance)则是建构在企业"所有权层次"上的一门科学,讲究的是科学地向职业经理人授权,科学地对职业经理人进行监管。

在现有研究中,关于公司治理机制的评价指数较为丰富,比较有代表性的是李维安等[①]基于上市公司治理准则构建的评价指标,如表 7-1 所示。该指标体系主要是根据上市公司治理准则的六个方面进行阐释。

表 7-1 上市公司治理机制评价指标

准则层指标	子因素层	指标说明
控股股东行为	上市公司独立性	基于对控股股东的行为特征的分析,根据中国《上市公司治理准则》对股东的权利、股东大会的规范、控股股东行为规范等的规定,评价中国上市公司控股股东行为
	上市公司关联交易	
	中小股东权益保护	
董事会治理	董事会构成	委托代理链中的董事会处于公司治理的核心地位,实践证明,良好的董事会是提高公司治理的中心和前提。基于董事会高效运作的角度,从保障公司科学决策的目标出发,以有效的运作机制为重点,评价上市公司的董事会
	独立董事制度	
	董事会组织结构	
	董事会运行状况	
	董事激励	

---

① 李维安、唐跃军:《公司治理评价、治理指数与公司业绩——来自 2003 年中国上市公司的证据》,《中国工业经济》2006 年第 4 期,第 98~107 页。

续表

准则层指标	子因素层	指标说明
经理层治理	经理层任免制度	良好的激励与约束机制可以促使经理层积极地通过自身利益的实现来最大化利益相关者的利益,防止经理层有意侵害各方利益相关者的利益;恰当的任免机制和执行保障机制可以让有能力的经理层做出有利于公司长远发展的科学决策
	经理层执行保障	
	经理层激励约束	
信息披露	信息披露可靠性	信息披露不仅影响投资者的价值判断和决策,同时也会影响债权人等利害关系者。以信息透明度为核心,对中国上市公司信息披露的质量进行评价
	信息披露相关性	
	信息披露及时性	
利益相关者治理	利益相关者参与程度	利益相关者参与方面主要评价利益相关者参与公司治理的程度;利益相关者和谐方面考察公司与由各利益相关者构成的企业生存和成长环境的和谐程度
	利益相关者和谐程度	
监事会治理	监事会运行状况	科学有效的监督机制是实现公司治理目标的重要保证。以"有效监督"为目标,评价监事会治理状况
	监事会结构与规模	
	监事胜任能力	

现代公司制度的核心是建立完善的公司治理结构,一方面要合理安排公司控制权和监督机制,另一方面要设计和实施有效的激励机制。通过一系列健全有效并且规范的组织制度实现企业所有权与企业经营权的分离,从而使企业经营者能够做到真正的自主经营。同时,为了防止企业经营者利用职权谋取私利,损害其他利益相关者的利益,企业需要构建一整套合理的治理结构对经营者的权力进行制衡,并且借之协调企业各利益相关者之间的利益关系。公司治理不仅成为现代企业制度最重要的架构,而且是企业增强竞争力和

提高经营绩效的必要条件。所以，公司治理结构是现代企业制度得以真正确立的保证。综合各类型合规指南与公司治理结构的分析图谱，对于公司治理、管理、执行层面的划分如图 7-2 所示。

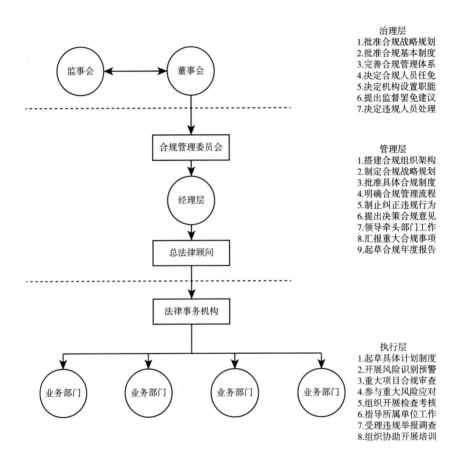

图 7-2 公司治理结构与合规管理

7.1.3 内部控制

内部控制制度是现代企业经营活动的结果，它是一个单位内部各种活动相互联系、相互制约的一种手段、方法和程序。在日益激烈的市场竞争中，企业必须通过改进内部管理、提高工作效率和提高产品质量来提高自己的竞争力。其主要内容有：责任划分清晰和科学严谨的审核和审查、健全的财务及经营管理体系、严格的安全保障体系、有效的内审体系、优秀的员工。由于内部控制制度的严密性直接影响被审计单位所提供的财务信息及其他财务信息的可信度，因此，在现代的审计中，往往以被审计单位现有的内部控制制度为出发点和着力点，并对其进行调查、核实和评价，从而确定审计的范围、深度和侧重点。企业内部控制与治理结构的区别如图 7-3 所示。

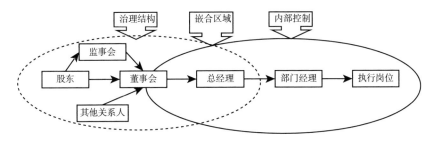

图 7-3　企业内部控制与治理结构的区别

信息透明度作为公司治理的重要内部机制，是保护投资者利益的有效保障。透明度的提高，可以降低资本市场信息不对称，进而促进资源的有效配置。当前，提高上市公司的会计信息披露质量和公司透明度是进一步健全资本市场基础性制度的重要方面。

公司信息透明度是指公司财务与管理信息的公开披露程度，由于投资者往往根据公司所披露的信息决定如何选择资产组合，因此上市公司信息透明度是维护资本市场有效运转的前提。

有关公司内部治理对公司信息透明度影响的研究涵盖了股权结构、董事会特征、管理层激励等方面。

1. 股权结构对公司信息透明度的影响

股权集中度作为缓解代理问题的治理手段之一，呈现出"利益协同效应"和"利益侵占效应",即随着股权集中度的提高,现金流量权和控制权分离程度降低,大股东会强化对公司的实际控制能力,并有动机和权力来降低第一类代理问题,使管理层和股东目标趋同。大股东更有意愿去改善信息质量,提高公司信息透明度以便公司董事会了解公司的实际经营状况,降低投资决策的风险。但是,当第一大股东持股比例降低时,现金流量权和控制权分离程度变大,大股东的剩余索取权进一步降低。第一大股东有动机联合管理层"掏空"企业。若其他中小股东无法制衡第一大股东,大股东侵占中小股东利益的代理问题就比较严重,并且严重影响企业的经营绩效,此时表现为"利益侵占"效应。而且大股东会采取延迟信息披露、选择信息披露、模糊信息披露、虚假信息披露等手段来降低公司信息透明度,以掩盖其"利益侵占"的目的。

国有股比例对公司信息透明度的影响。一般来说,国有股对公司信息透明度有"攫取之手"和"帮助之手"两种效应。"攫取之手"效应表现在国有资本持股所带来的所有者缺位问题,也就是公司代理人在缺乏委托人有效监督的情况下成为公司的实际控制人,并且有动机通过虚假信息披露来编造良好的企业绩效,以谋取个人利益的最大化。"帮助之手"效应表现在国有股委托人对代理人的监管会随着国有股持股比例的提高而增强,激励机制效应开始发挥作用,委托代理风险降低。并且国有控股公司会获得一定的政策福利,有助于经营绩效的提升。管理层也有动机来提高公司信息透明度以展示企业良好的经营绩效。

机构投资者对公司信息透明度的影响。近年来,机构投资者在公司治理结构中发挥着越来越重要的作用。机构投资者对企业的投资具有长期性,更关注企业的成长性。随着机构投资者持股比例的提高,其会通过股东大会行使权力,对代理人形成有效监督,使得公司管理层与股东目标趋同,机构投资者作为从公司长期高质量发展中获益的主体，有动机和权力督促公司管理层提高信息透明度，以便与市场保持良好的信息沟通和互动，最终提高公司绩效。

2. 董事会特征对公司信息透明度的影响

董事会规模对公司的信息透明度有重要作用。一般来说，董事会的监管能力随着董事会成员数目的增长而增强，但是，由于大型集团内部难以进行交流和决策，因此产生了"增量成本"。越是大的董事会，企业的财务报表造假的可能性就越大。小型的董事会更有可能扮演好监督角色，而大型的董事会则更没有效率并且易于受管理层的控制。

独立董事的比例对公司的信息披露具有重要意义。独立董事的比例愈高，对董事会的监管就越有效，公司越愿意主动提供资讯。因为独立董事往往会鼓励公司将其信息透露给投资者，增加外部独立董事可以明显提高会计资料的质量，而且，由于公司的外部董事任期较长，对公司财务状况的熟悉程度较高，经理层财务舞弊的可能性也较低。

董事会主席和总经理的双重职责对公司的信息公开程度具有重要影响。从代理理论上看，董事长是董事会的代表，与总经理的职务关系是监督与被监督的关系，二者合并则意味着总经理自我监管，由于利益自我趋向的驱使，总经理有可能损害股东的利益。因此，两职合一会减弱董事会的独立性，使董事会的监督和管理功能减弱，从而使董事会受内部人的控制，降低公司信息披露的质量。

3. 企业内部管理层激励机制对企业信息透明的作用

有学者认为管理层持股作为一种内部激励机制，可以解决代理问题。管理层的利益和公司股东的利益紧密相连，随着管理层持股的增加，他们会提高公司信息透明度以利于股东进行资产配置，从而减少代理费用。而薪酬激励作为内部激励机制的重要组成部分可能会对企业信息透明度造成负面影响，因为管理层掌握了薪酬考核指标，为了满足自身利益，其可能会提供虚假会计报表来提高企业绩效，以此获得更高薪酬。并且管理层对业务比较精通，容易调整公司业绩，董事会相对难以核实财务报告，以至于造成决策失误，损害股东利益。

从上述分析中可以发现，公司内部治理对上市公司信息披露的影响存在不同的看法。其原因有：首先，过去的研究人员对企业的信息公开程度的测量存在着分歧。由于信息披露与透明度属于比较抽象的范畴，且没有可直接观察和测量的全局特性，因此研究者们往往将一些区域特性作为中介变量，从而产生了许多不同的信息披露或透明度测量方法，使研究同类命题的研究结果产生了矛盾。其次，过去有关公司资讯透明度的研究，大多集中在公司的特定方面，如股权结构、董事会特征或某个特定指标对公司资讯透明度的影响，如果能够充分考量不同的内部治理结构，其结果的可信度较高。这就要求我们从整个公司的内部治理体系来考察它们对公司的信息透明度所起的作用。

公司的透明度是公司的财务和经营信息的公开程度，投资者通常会依据公司提供的信息来确定投资组合的方式，而公司的透明度则取决于公司的强制性和自愿披露。中国证监会对上市公司的强制性信息披露提出了明确的规定，比如上市公司必须公开招股说明书、发行债券募集办法、财务会计报告、上市报告、年度报告、中期报告及其他有可能对股票价格产生重大影响的报告。在现实生活中，企业的自愿信息披露是企业利益与成本计量的结果。

综上，企业廉洁合规的评价体系要充分吸收现有合规研究中对于合规概念内涵外延的界定与分析，同时要紧扣廉洁的特点，才能够更好地为指标设计以及未来评价结果的分析奠定理论边界以及评价范围。

7.2 框架构建

7.2.1 指标构建基本原则

为了能够更好地突出指标体系的科学性、规范性以及普适性，本指标体系构建遵循如下原则。

（1）平衡指标体系的理论性与实践性。指标体系应反映评价对象与评价方法之间的内在逻辑，运用相对准确的指标来测度相应概念。同时，指标体系应能够与既有的企业评价以及合规指南进行比较，既有共同语言，也有特色专长。为此，在指标选择上采用"立足中国、国际通用、客观科学"的原则，根据企业廉洁合规的概念内涵和特征来选取指标，充分考虑指标的简明、清晰、可操作性。

（2）兼顾指标体系评价现状与引领未来的功能。指标体系既要客观反映企业廉洁合规建设的现状，也要反映该企业未来在廉洁合规建设与企业治理上的动态能力和发展趋势。这就需要明确指标体系的类别和功能，区分监测性指标和评价性指标、描述性指标和导向性指标，防止指标过于"刚性"，导致企业相关工作评测的失真。同时帮助包括企业决策者以及相关机构从业者在内的相关主体准确把握企业廉洁合规工作的真实状态，研判未来趋势，客观评估企业在廉洁合规建设各方面的表现。

（3）确保指标体系的独立性、稳定性和趋势性。指标体系应具有独立、客观和稳定的数据来源。此外，所选择的指标应能够反映出被评测企业的动态变化情况，反映企业廉洁合规的演变趋势，为持续开展评估、动态调整既有指标留下拓展空间。

指标体系的构建过程分为定性设计、定量筛选与反馈检验三个阶段。在定性设计阶段，主要是在反映评估对象概念内涵的基础上，考虑评估者的评估逻辑，选取符合上述指标构建原则的指标进行分析研判。在定量筛选阶段，对收集到的数据逐个展示指标数据变异度和时间分布特征，剔除差异度较低（所有评估对象得分十分接近）、时间敏感度过高或者过低（随着时间变化过于活跃或者几乎没有变化）的指标。在反馈检验阶段，将预评估结果反馈给专家、企业代表以及部分公众代表，检验评估结果是否违背事实。

通过对合规概念的起源、内涵及外延的梳理，基于对现有指数的评价内容、评价方式、数据采集等方面的比较与分析，结合评价实际，本书提出了适合中国国情的企业廉洁合规评价指标的理论框架，围绕构建的廉洁合规体系是否合理设计、有效实施和切实可行三个维度，构建了"组织建构—制度安排—效果评估"的循环理论框架。在指标构建过程中将充分吸收国内外有关企业合规管理方面的制度经验，结合企业经营管理实务进行指标设计。

7.2.2 指标构建思路

结合我国企业廉洁合规的制度环境，本书提出廉洁合规评价的目标、评价主体与客体、评价模型（包含评价指标体系、评价指数模型选择及构建、评价标准）等内容，从而建立起廉洁合规评价的基础理论框架。本评价指标体系从三个方面对企业廉洁合规的水平进行测度，分别是透明治理、廉洁反腐以及合规建设。本评价指数作为具有通用性、普适性的指标需要考虑不同国家、地域企业经营的现实情况。在指标的设计、数据的采集过程中需要结合数据的可及性开展指标的设计与筛选工作。同时为了兼顾评比结果的区分度以及考虑未来指标的延伸与发展，主要依托企业的公开资料从企业经营管理的实际和操作维度展开指标筛选。在评价指数的操作层面充分运用好专家打分、自评打分以及公开资料采集等不同维度的数据采集及分析办法，力求对不同行业、不同国家的企业廉洁合规的管理水平得出通用性以及可比性的评价。

在指标构建前，需要明确本评价指标体系测量的内涵与外延，更要明晰廉洁和合规两个概念之间的关系。就本评价指标体系而言，合规与廉洁是相互交叉的关系而非简单的并列关系。作为一个以廉洁为核心的企业行为评价体系，本评价指标体系在合规的内容和范围考量上都将围绕廉洁相关的合规规定和措施来构建，而不是传统意义上的广义合规。因此，本评价指标体系涉及的合规主要是围绕廉洁主题的相关合规行为。

首先，良好的企业治理离不开规范、科学的公司治理结构。因此，符合合规要求的合规机构设置、制度设置是企业廉洁合规的组织与制度基础。透明则一直是企业实现廉洁合规的重要手段，只有持续、高效的信息披露以及公开机制才能够进一步有效规范企业的经营行为。其次，廉洁是企业廉洁合规的最终目标，通过廉洁合规的制度约束进一步促进企业清廉营商，从而实现企业竞争力的全面提升。在廉洁合规指数的设计过程中，在充分吸收已有合规管理评价体系、框架以及评价指南的基础上，以计划—执行—检查—改进的 ISO 合规管理体系要求及使用指南（见图 7-4）为运作指导，结合企业廉洁合规管理的运营实际，构建本评价指标体系的理论以及测评框架。

廉洁合规是未来企业行稳致远的制度保障，更是我国企业提升全球竞争力的核心内涵。结合现有国内外经验的探索，同时考虑国际通用、业内认可以及数据可及性等准则，基于以上概念分析的理论框架，本评价指标体系选择合规建设、透明治理、廉洁反腐三个方面作为测量的一级指标，如图 7-5 所示。

1. 透明治理

企业透明度是指企业的财务状况、经营成果、战略、治理、社会责任等方面信息的公开情况。目前，我国对公司披露的界定存在

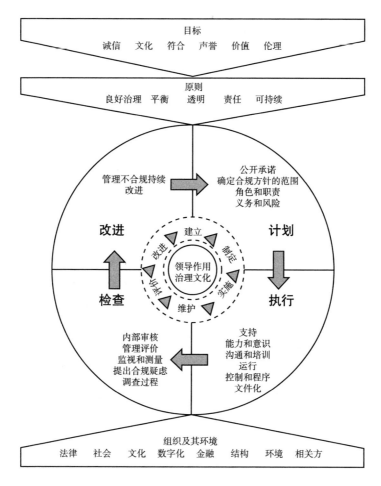

图 7-4 ISO 37301：2021 合规管理体系要求及使用指南

三种不同的看法：一是披露观念，即认为披露是自愿披露的程度[①]，或披露的真实性、准确性、完整性、及时性、合法、公正；二是收入衡量，以收益变化情况来反映公司的信息公开程度，例如公司的盈利水平是否达到了积极或平稳，或盈余管理水平；三是"同步化"的观点，即随着股票价格的同步化程度的提高，公司的透明度也会

---

① 崔学刚：《公司治理机制对公司透明度的影响——来自中国上市公司的经验数据》，《会计研究》2004 年第 8 期，第 72~80、97 页。

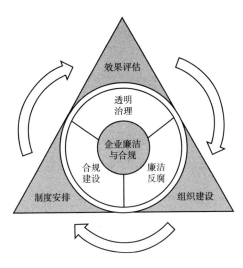

图 7-5 廉洁合规的理论框架

提高。

从利益相关者的角度来看，透明度应该是公司披露的信息能够满足公司利益相关者的知情权。"透明度"与"信息披露"不同，透明度不是从信息提供者的角度来评估，而更多的是从外部的利益相关者的角度来评判。因此，公司的透明度又被称作公司的公共透明。企业的透明度不能以一两项指标来衡量，必须建立一系列相互关联的指标体系。

目前，关于透明度的评估有三种方式。一是项目评分法，即建立透明度指数或信息披露指数，对具体指标进行评分，然后根据权重来确定[①]。二是模式测量方法，即采用建立模式进行评估的方法。三是评分方式，对各项组成要素通过文本转化赋分的方式进行评分。

公开透明是现代企业运营的重要标准之一。稳定、规范的信息披露机制不仅能够帮助投资者了解企业运营的现状，更能通过

---

① 崔学刚:《公司治理机制对公司透明度的影响——来自中国上市公司的经验数据》,《会计研究》2004 年第 8 期, 第 72~80、97 页。

及时、有效的信息披露机制起到监督企业内部运营管理的作用。基于此，本评价指标体系选择透明治理作为三个核心一级指标之一。

本评价指标体系将专门就透明治理进行测量，采用以定量为主的方式进行，数据来源主要通过以企业公开网站为主并结合公司研究数据平台进行抓取。透明测量的维度将围绕促进廉洁合规的三个角度来进行，即组织透明、制度透明和行为透明，解构透明治理这个二级指标。信息披露在公司治理尤其是上市公司治理中占有举足轻重的地位，一套及时、有效、完整的信息披露机制将有效加强政策决策者、股东、大众对于公司经营状况的把握，同时也将对公司管理层的经营行为起到良好的监督和规范作用。因此，透明治理不拘泥于披露这一个视角来测评企业，而是从外部视角，以透明为抓手，从企业的组织架构透明、制度安排透明以及通过透明治理实现行为透明来对企业的现状进行分析。

由于本评价指标体系的评测材料来源是以上市公司的结构化报告为主体依托，以该评价指标体系中的主要内容为测量框架，选取三级指标和数据采集点，并以事实材料为依据，进行第三方评分。对组织透明而言，主要从公司治理结构来进行测量；对制度透明而言，主要从内部治理制度和外部沟通制度两个维度来进行测量；对行为透明而言，主要从经营风险披露、高管治理、跨国经营和第三方审验四个维度来进行测量。数据的采集来源除了企业官网、企业社会责任报告、公司年度报告，还将充分参考不同的企业数据库和平台，包括中国研究数据服务平台（CNRDS）、CCER 数据库、CSMAR 数据库以及 DIB 数据库等数据平台。

透明是防治腐败行为的利器，企业信息披露的透明能够有力地促进社会以及相关利益方了解企业的生产经营及管理概况。当然，这里透明的程度不是无限扩大的。在企业的透明治理过程中，需要充分平衡企业的信息披露水平与企业日常生产经营尤其是商业秘密的关系。要做到披露不应损害本公司机密的保护，不应使国有企业在与私营企业的竞争中处于不利地位。

围绕企业透明治理，主要从组织架构、制度管理以及行为效果三个视角进行分析。组织透明的采集点主要围绕公司治理结构的透明，本指标共涉及五个具体的采集点。其中包括企业的治理结构（具体包括公司治理架构以及集团层面对于二级子公司信息的披露情况）、所有权结构、股权结构、公司治理准则以及实施的流程。围绕这些点的内容对企业的信息进行收集、整理和分析。

制度透明是企业廉洁合规的重要体现，能够增强企业公信力，提高企业的治理效率和质量，降低企业的风险和成本，促进企业的可持续发展。制度透明主要围绕企业日常经营管理的制度是否公开透明进行采集点的设定，制度透明的内容主要包括内部制度透明与外部制度透明。内部制度透明的采集点主要围绕企业的内控报告给出的意见进行评定。其中对内控报告中给出的评价意见逐条进行采集，并最终获得本采集点的得分。评价内部制度透明的依据是企业的内控报告是否能够真实、完整、及时地反映企业的内部制度的制定、执行、监督和改进的情况，以及企业的内部制度是否能够有效地防范和控制企业的各类风险，提升企业的经营效果。外部制度透明主要围绕利益相关人的沟通与联络机制展开。这里涉及的三个采集点是根据利益相关人的分类进行设定的。需要说明的是，这里的利益相关人主要指的是监管者（企业的行政主管部门或者证券市场监管主体等）、投资者与社会公众，沟通与联络的机制包含网站沟通板块等相关联络方式。评价外部制度透明的标准是企业是否能够建立和完善与外部利益相关人的沟通与联络机制，如网站、电话、邮件、微信、报告、会议等，是否能够及时、准确、全面地向外部利益相关人披露企业外部制度的遵守和执行的情况，以及企业的外部制度是否符合和满足外部利益相关人的期望和需求。

在行为透明的指标采集点上，主要是考察企业在日常经营行为管理上是否做到透明公开。根据已有文献与企业日常管理的实践内容，本指标体系主要从四个维度进行考量，分别是经营风险披露、跨国经营、第三方审验以及高管治理。企业在实际经营中需要对风险进行预判，同时企业进行风险披露将有助于投资者了解企业的真实运营情况。因此，本指标体系对于风险的披露主要围绕发展战略、人力资源管理、财务管理等企业运营管理中的关键问题进行考量。第三方的监督对于企业透明至关重要，尤其是企业管理信息的发布。第三方审验对于包括年报、财报等上市公司要求披露的信息内容属于"规定动作"，但是对于企业社会责任报告而言，属于"自选动作"。企业社会责任报告是企业信息披露的重要文本之一，第三方的审验有助于企业在披露信息时做到规范、自律、透明。本评价指数所选择的企业以跨国企业为主，所以在社会责任报告上披露跨国经营的相关情况，对于加强企业的信息监督尤为必要。因此，选择跨国经营信息的披露作为透明行为的采集点之一。最后，企业董事积极参与企业治理将有力促进企业信息的公开与透明，本评价指标体系选取公司董事每年参与董事会的平均出席率作为企业高管治理透明度的采集点。具体三级指标以及测量内容详见表 7-2。

2. 廉洁反腐

作为一个以"廉洁"为关键词的合规评价指标体系，本指标体系侧重于从廉洁机构、廉洁制度以及廉洁行为三个维度来对企业的合规行为进行评价和测量。该指标设计在二级指标的维度上依旧围绕既有的组织建构、制度安排以及效果评估的闭环结构来构建廉洁反腐的评价维度。

表7-2　透明治理指标解析

一级指标	二级指标	三级指标	测量内容	数据来源
透明治理	组织透明	公司治理结构	企业治理概况（治理架构、所有权结构、股权结构、治理准则与实施流程）	年报/官网
	制度透明	内部治理制度	企业治理评价报告的综合审定	年报/官网
		外部沟通制度	利益相关人的沟通与联络机制	年报/官网
	行为透明	经营风险披露	企业围绕发展战略、人力资源管理、财务管理等风险的披露	年报
		高管治理	企业董事参与董事会的平均出席率	年报
		跨国经营	企业围绕跨国经营涉及的包括地点、项目、人员以及经费等内容	社会责任报告采集/可持续发展报告
		第三方审验	是否经第三方机构对企业社会责任报告进行审验	企业报告/数据库

　　腐败在人类发展的历史进程中是一种十分常见的社会现象，它具有很严重的危害性，因而被称作"社会癌症"。当今世界，无论是发达国家，还是发展中国家，贪污腐败都让各国政府头疼不已。由于腐败削弱了法律效果，损害了一国的经济发展体制，因此，世界银行把腐败视为经济和社会发展的最大阻碍。此外，腐败分子利用公共权力来谋求个人利益，这种令人憎恶的现象一旦泛滥，会对一个国家的政治稳定产生很大的影响。

　　腐败的测量以及指标的选取可以分为两类：主观指标和客观指标。特别是在对我国腐败问题进行研究的时候，应当根据我国国情，尤其是要对制度背景、文化传统等方面进行深入的研究，以确定最合适的方法。由于腐败问题的显著性与腐败指标的选取密切相关，因此，采用恰当的计量方法是提高调查结果准确性的关键。不管是主观衡量还是客观衡量，都要以实际因素为基础，不能盲目照搬，要巧妙地融会贯通，才能够在指标的设定过程中对企业廉洁合规的测评视角有精准的把握。

通过对现有文献的梳理，腐败测量的方法以及指标的选定主要有主观测量、案件统计等分析方法。在廉洁这一维度上，本书参考腐败、反腐败和腐败风险的测量框架①，并基于此构建了本指标体系的二级指标，分别为廉洁机构、廉洁制度和廉洁行为，并将这三个指标作为贯彻执行合规的重要抓手和载体。

企业廉洁建设具有动态、渐进和发展的特征，这就决定了其发展过程是动态的、复杂的。然而，在对国内外有关企业诚信的理论进行归纳与剖析的过程中，可以看出，我国企业制度的基本构成要素并未改变，从而为我国企业开展廉洁合规建设提供了一种可能；另外，通过构建度量模型来了解企业的廉洁合规建设情况，从而为企业进行廉洁反腐的动态调整提供决策基础，为企业的廉洁反腐工作提供一定的参考。同时，公司腐败行为的度量也是一个动态的过程。在企业廉洁反腐工作中，必须定期地对企业的廉洁反腐行为进行诊断、评价和测量，以准确地分析企业廉洁特征，进一步衡量企业廉洁创新、变革的方向与企业长期发展战略的适应性。要想持续地强化和改进公司的廉洁合规建设，必须对其进行测量、评价、再测量、再评价，并对其进行年度全面的考核。

关于廉洁反腐方面，主要从组织建设、制度安排以及效果评估方面对企业廉洁反腐的工作进行评价。在廉洁合规管理中，廉洁制度是提高企业员工相关意识以及工作能力的重要手段。在此基础上，参考各国、世界银行相关合规指南中关于廉洁制度重要性的阐述，将廉洁制度作为二级指标。在我国企业未来海外投资、经营与管理

---

① 过勇、宋伟：《腐败测量：基于腐败、反腐败与风险的视角》，《公共行政评论》2016年第3期，第73~88，187~188页。

中，则要注重强调对于廉洁性的塑造以及廉洁行为的管理，基于此，本评价指标体系将廉洁行为作为二级指标。至此，廉洁反腐维度下的两个二级指标基本构建完成。其中，廉洁机构是该维度下另一个二级指标。

（1）从廉洁机构方面对廉洁的机构设置进行评价。这方面主要是涉及企业的反腐败机构以及反腐败举报渠道的设立情况。专门的反腐败机构、举报及反馈渠道对于企业防范腐败风险、及时掌握腐败线索、开展反腐败调查具有重要作用。

（2）廉洁制度主要选择包括管理层承诺、员工行为规范以及薪酬结构等在内的内容进行测量。结合企业运营管理实际以及前期对于企业廉洁行为文献的梳理，笔者发现管理层承诺对于企业廉洁反腐工作尤为重要。因此，本采集点选择了企业的年度报告是否由企业相关高管人员进行书面承诺作为考核廉洁制度的重要维度之一。普通员工的行为规范对于维护企业日常经营管理中的廉洁程度也有较大影响，普通员工涉及企业日常管理的方方面面，这个采集点是从员工层面对企业的廉洁制度进行考核。此外，对于高管薪酬结构的披露也是进行廉洁监督的重要方式之一，是企业廉洁制度的重要组成部分。

（3）在廉洁行为上，主要从财务信息管理的维度对企业的内审报告的评价指标逐一进行采集并形成最后的采集点评分。根据财务审计报告中出具的无保留意见、保留意见、无法表示意见、否定意见等不同维度进行分级打分。同时，在信息的采集层面，尽可能地将不同的档次拉开。比如在财务审计报告中，通常会从三个层级呈现，在设置分数采集点的时候，尽可能地涵盖所有层级以确保指标的区分度。另外，世界银行的制裁体系是当前全球范围内对于企业经营处罚的权威制裁体系之一，该体系在全球范围内也具有一定的权威性和可比性，因此本评价指标体系选择将是否受到世界银行制裁体系处罚以及处罚的次数纳入考评体系。之所以将世界银行黑名单作为廉洁行为的重要采集点，是因为有研究发现，相比诚信水平较低的上市公司，信用高的企业信息透明度更高、受外部监督更多，能够缓解失信环境下企业违约风险的提高①。进一步研究还发现，当银行作为原告方的诉讼中"老赖"比例越高时，失信记录对上市公司银行借款比例的作用更加显著。该结论在经过一系列内生性和稳健性检验之后，依然成立。基于此，将世界银行这一重要国际组织的制裁体系与制裁结果作为企业廉洁行为的重要采集点。

在三级指标的构建中，为了兼顾区分度与政策指导作用，指标中将涵盖事实确认型指标和工作程度描述型指标，这样一方面能够在指标测量中体现区分度，避免指标测量结果同质性过高，另一方面也能够通过指标的设定促进企业在未来有针对性地进行调整。具体的三级指标以及测量内容详见表7-3。

表 7-3　廉洁反腐指标解析

一级指标	二级指标	三级指标	测量内容	数据来源
廉洁反腐	廉洁机构	反腐败机构	反腐败专项机构设立	年报/官网
			建立反腐败举报渠道	年报/官网
	廉洁制度	管理层承诺	企业年度报告由企业高管人员书面确认	年报/官网
		员工行为规范	企业建立员工廉洁准则	年报/官网
		薪酬结构	董事会成员和核心高管成员薪酬结构的披露	数据库
	廉洁行为	财务信息管理	财务审计报告信息的综合评定	数据库
		黑名单制度	企业受到世界银行制裁体系的处罚	数据库
		收益成本效用	净资产收益率	数据

---

① 洪群、戴亦一:《官员到访减轻了企业税收负担吗——来自中国上市公司的经验证据》，《当代财经》2018 年第 1 期，第 111~121 页。

3. 合规建设

完善的治理结构、稳定的内控机制以及明确的企业社会责任价值是当下学界与业界对于合规管理内涵与外延的普遍共识。公司治理结构狭义地讲是有关公司董事会的功能、结构、股东的权力等方面的制度安排，广义地讲是指有关公司控制权和剩余索取权分配的一整套法律、文化和制度性安排，这些安排决定公司的目标。本指标体系的构建则要围绕廉洁合规的角度来看公司治理结构上有哪些要素和内容可以促进企业的廉洁合规建设，这些要素和内容则自动成为本指标体系的二级指标和三级指标。

美国司法部对于合规管理的认定与分析也是围绕治理结构与治理机制展开。经合组织在《公司治理原则》中提到，公司治理政策对于投资者信心、资本形成和配置等广泛经济目标的实现，发挥着重要作用（见图7-6）。

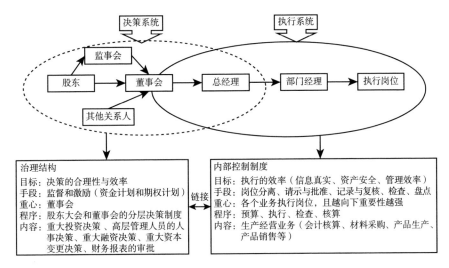

图7-6 公司治理结构与内部控制制度的功能分区

合规指标的维度旨在测量企业合规能力的建设情况，主要从合规机构设置、合规制度安排以及合规行为三个维度来进行测量，结合数据的可获得性以及可比性进行二级指标的设置。三级指标设计是借鉴 2017 年美国反欺诈财务报告委员会（The Committee of Sponsoring Organizations of the Treadway Commission，COSO）正式公布的企业风险管理框架（Enterprise Risk Management Framework，ERM），遵循"公司治理—企业风险管理—内部控制"的逻辑。在合规机构有效设置、合规制度设置的情况下，需要通过效果评估来对廉洁合规的治理结构进行评估和完善。已有的合规管理指南也多次强调，要从构建、修正到完善形成一个完整的闭环来促进合规管理制度的不断完善。

对于合规机构以及合规制度的评价，已有指数以及研究中暂未有相关可量化的定量评估指标，本体系通过综合已有的研究方法，确定了如下评价原则。

首先存在研究对象的管理业绩状况评估报告和直接监管部门的评估等级。其次选取第三方专家或者机构进行盲评，还要对研究对象进行第二次独立评级；同时也会对专家的评分进行核实和讨论，以确保评级在所有研究对象中具有可比性。最后建立额外验证组（问题设置相似性问题），以确保提供的分数与每个研究对象的定性描述相匹配，每个研究对象的分数是相似问题的平均值。

综上所述，合规建设从合规机构、合规制度与合规行为方面进行指标的设计和采集点的选择。基于以上的评估方法，本评价指标体系拟对合规的机构设置与制度安排的科学性、合理性与有效性进行专家打分测评。合规机构的评分主要围绕专属性，即部门设置上是否单独设立了合规部门。在采集上单独设置为 3 分，合并设置为 2 分，内嵌设置为 1 分（合规为某部门的职能组成部分且合规不显示在部门名称中），没有设置为 0 分。系统性则指的是集团本部与二级公司等下级公司之间是否有完整与系统的合规管理体系。其中合规委员会的设置也是本指标的采集点之一。

合规制度的评价则主要从企业经营的不同利益方来进行测量，效果评估则主要从合规制度建设和合规修正机制来进行测量。除此之外，不论是有关合规指南还是企业公司治理理论中对于风险管控的分析，都说明一个良好的公司治理结构需要一个完备的包括机构设置以及制度设置在内的良好合规机制。

就本指标体系而言，要从廉洁合规的角度对治理结构进行解构，首先要对合规机构的组成进行测量。那么，围绕本评价指标体系兼顾差异性和政策指导性的原则，依托专家对合规机构组成以及合规制度建设的打分进行定性分析。

在合规制度上，主要围绕合规手册以及外部合作伙伴的合规协议展开。外部伙伴的合规协议则具体指是否设定了包括类似于供应商黑名单制度在内的合规管理制度。

在合规行为上，本评价指标体系结合 OECD 对于企业治理发展的要求与规范中的要点内容，选择了关联交易、法律诉讼以及违法违规的行为进行采集。在违法违规层面，为了更便于数据的采集与比较，本指标体系设定的是企业总部所在国政府监管部门的处罚（例如针对沃尔玛公司采集的是沃尔玛受到本国资本市场监管部门的有关处罚）。公司的经营绩效与信息披露存在着明显的正向关系，因为公开信息既能体现公司的运营情况，也能让公众更好地了解公司，更好地参与公司的发展，从而推动公司的业绩增长。因此，企业将信息披露作为企业的战略业绩交流活动，而非仅仅是符合法规规定的一种行为。因此，本指标将关联交易作为重要的指标采集点列入合规的效果评估中。合规建设的指标构建具体如表 7-4 所示。

表 7-4　合规建设指标解析

一级指标	二级指标	三级指标	测量内容	数据来源
合规建设	合规机构	合规机构组成	合规机构组成的专属性、系统性与完整性(是否设立合规委员会等)	年报/官网
	合规制度	合规制度建设	企业建立合规制度手册及相关制度文本情况	年报/官网
			企业建立与外部合作伙伴合规协议情况(如供应商黑名单制度)	年报
	合规行为	关联交易	企业对于关联交易的披露情况	年报
		行为索引对照	企业社会责任报告指标索引的完整性	年报/数据库
		业务合规绩效	偿债能力比率	年报/数据库

本书对本评价指标体系一级、二级、三级指标的构建机理以及指标内涵进行了基本阐述。不同层级的指标共同构成了该项概念在本层级的解释逻辑。基于本指标在实际运用中将进行一级、二级及综合评价。其中二级指标内容如图 7-7 所示。

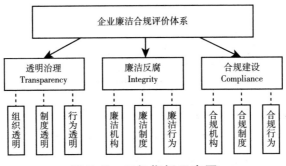

图 7-7　二级指标示意图

综上,结合合规、透明、廉洁的评价指标体系构建已经初步完成,共构建了 19 个三级指标,皆采用标准化方式进行处理。指标权重是结合其采集点个数、数据的可获得性以及重要程度进行分配。具体情况如表 7-5 所示。

表 7-5　廉洁合规评价指标分级解析

一级指标	二级指标	三级指标
透明治理	组织透明	公司治理结构
	制度透明	内部治理制度
		外部沟通制度
	行为透明	经营风险披露
		跨国经营
		高管治理
		第三方审验
廉洁反腐	廉洁机构	反腐败机构
	廉洁制度	管理层承诺
		员工行为规范
		薪酬与福利
	廉洁行为	财务信息管理
		黑名单制度
		收益成本效用
合规建设	合规机构	合规机构组成
	合规制度	合规制度建设
	合规行为	关联交易
		行为对照索引
		业务合规绩效

结合数据生成方式以及数据的生成来源，对企业廉洁合规的评价指标来源分类，如图 7-8 所示。

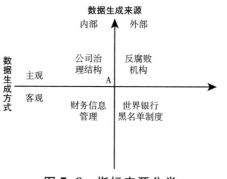

图 7-8　指标来源分类

7.3　数据来源

7.3.1　数据来源方式

本评价指标体系的数据主要依托公开资料及相关数据库。数据来源主要有公司官方网站、公司年报、企业社会责任报告（或可持续发展报告）等，不仅如此，为了提升数据的有效性以及可靠性，部分指标依托公司治理、评价的权威数据库以及网络搜索平台。未来在进行数据采集的过程中不排除通过和企业进行确认的方式对所采信息的准确性进行校正的操作步骤。

结合对现有评价的相关梳理，主要有以下几种数据采集和评价方式。基于腐败测量的分析，既有的腐败测量相关指标按照分类主要分为主观调查法、案件统计法等。结合本指标的研究属性，本书选择使用公开数据源方式进行数据采集。具体原因如下。

首先，本书是以企业为单位进行的测量，相比于以国家为单位测量的指数而言，企业的相关数据由于分布国家较多、生产经营范围和领域较广等因素，存在数据获取难度较大的问题，因此不考虑仅单独使用公开数据源的方法进行分析。其次，单纯以第三方评级或者评价机构的数据进行分析将大面积受限于已有评价体系或者数据库的数据丰富程度。最后，仅仅采用专家打分法的话，专家来源、分数的换算方式对于专家库的组成以及如何获得广泛企业的认可将成为较大的技术壁垒。有鉴于此，本评价指标体系旨在立足我国国情，建立具有中国特色的企业廉洁合规评价体系，因而不考虑单独外包及专家打分法作为本研究的数据来源。此外，如果单独采用问卷法将在很大程度上限制指数影响力。指数的有效性将决定于企业对于问卷的响应程度。因此，本书不考虑单独使用问卷法。本评价指标体系的输出导向是一方面要体现测量结果的区分度，另一方面为企业合规管理提供可操作的指导，因此主要采用开放式数据源和文本分析相结合的方法进行数据采集。

鉴于合规概念来源于证券及银行业的特性，上市公司在运营过程中有定期的信息披露机制，本书将以公司官网、定期公开的公司年报以及企业社会责任报告（可持续发展报告）作为主要数据来源，同时在部分指标的打分上兼顾定性与定量相结合的原则采用专家打分的方式进行。正如经合组织《公司治理原则》中对研究对象解释说明所强调的，该原则主要适用于公司，无论金融类公司还是非金融类公司。本评价指标体系的某些原则可能更适用于大型公司，但是政策制定者可能也希望凭借这个评价体系的指标设计原则来提高所有公司（包括小型公司和非上市公司）良好公司治理意识。上市公司年报的格式按照有关规定是相对固定且国际可比的。其内容主要包括以下 11 个部分：重要提示；公司基本情况简介；主要财务数据和指标；股本变动及股东情况；董事、监事和高级管理人员；公司治理结构；股东大会情况简介；董事会报告；监事会报告；重要事项；财务会计报告。企业社会责任报告是企业履行社会责任的理念、战略、方式方法，是企业非财务信息披露的重要载体，是企业与利益相关方沟通的重要桥梁。企业社会责任报告是企业非财务信息披露的重要载体，是企业与利益方沟通的重要桥梁。

为了兼顾数据的可获得性以及指标评测结果的科学有效性，本评价指标体系将尽可能采用公开信息进行测评，同时在评估对象的选取上也将充分考虑以上原则。

7.3.2　数据来源平台

本书采用了一系列严谨的方法和可靠的数据来源，以确保所构建的企业廉洁合规评价体系在实践中能够具有实用性和准确性。在当今复杂多变的商业环境中，企业廉洁合规逐步完善，成为确保企业可持续经营和社会责任履行的关键要素。然而，随着市场竞争的不断加剧和全球合规标准的不断演变，企业在确保其合规性方面面临着诸多挑战。因此，本书着眼于为企业提供一个全面而精准的评价体系，以帮助企业更好地理解、管理和提升其廉洁合规水平。

在评价体系的数据来源方面，本书采用了多种可靠的途径，以确保所获得的数据具有充分的可信度和全面性。同时，充分利用企业自身主动披露的信息，如公司年报、社会责任报告以及官方网站上公开的信息。这些信息不仅反映了企业在经营和治理方面的自我认知，也展现了企业在合规性履行方面的努力和成果。其次，本书作者在研究过程中使用中国研究数据服务平台（CNRDS）、CSMAR数据库以及 ORBIS 数据库等权威的数据平台，以获取更加全面和多维度的数据。这些平台汇集了大量的财务、市场和经营数据，为在不同维度进行数据分析和验证提供了机会。

值得注意的是，通过交叉检查和验证数据，本书旨在排除数据可能存在的误差和偏差，以确保评价体系所基于的数据具有高度的准确性。这一过程将有助于建立一个更为可信的评价体系，为企业决策者提供有力的参考依据。同时，本书还将探索如何将不同数据源的信息进行融合和整合，以获得更为全面和准确的评价结果。通过综合运用定性与定量研究方法，本书将为企业廉洁合规评价体系的构建和实施提供科学的方法论和技术支持，为企业实现良好的合规管理提供有力的指导。

7.4　数据分析方法及评价方式和对象

7.4.1　数据分析方法

在当今复杂多变的商业环境中，评估已成为科学管理和决策制定的基础。然而，随着评估目标的逐渐复杂化，仅凭单一指标对某一项目进行评价往往显得不够全面和科学。事实上，评估应该从更宏观的角度出发，综合考虑多个指标，因此多指标综合评估法应运而生。这种方法将多项指标的信息相结合，生成一个综合指数，从而对评估对象进行更全面的评估，并在横向和纵向上进行比较和分析。

然而，在多指标评估系统中，由于指标属性的差异，常常会出现数值之间的巨大差异，这可能导致在分析过程中，数值较高的指标在整体分析中占据主导地位，而数值较低的指标则相对弱化。为了克服这种问题，需要对原始指标数据进行规范化处理，以确保数据的可靠性和可比性。

本指标评价体系在指标的组成和数据选择方面采用了定性与定量相结合的方式，部分指标还涉及专家评分。鉴于此，本书采用层次分析法（AHP）来研究评价指标的组成和权重的分配，以确保评价体系的科学性和准确性。

在数据的处理与分析阶段，本书采用数据规范化方法，将原始数据按照一定的比例进行调整，以使其范围缩小到一个较小的区间内。这种规范化能够将不同指标的数据统一映射成无因次数值，从而便于比较和权重分析。常见的规范化方式包括最小最大化（Min-Max Normalization），它将数据线性变换到［0，1］区间内。另外，还有以 10 为基础的 log 函数变换以及 z-score 规范化等方法。这些方法能够将数据标准化，使其适用于多指标综合评估，从而得出更准确和有意义的结果。

综合而言，本书在构建企业廉洁合规评价体系的过程中，综合运用多指标综合评估法、层次分析法和数据规范化方法，以确保评价体系的可靠性、科学性和实用性。通过这些方法的有机结合，本书将为企业廉洁合规管理提供更加准确和全面的支持，为企业决策者提供更有力的指导和决策依据。

7.4.2 评价方式及对象

企业廉洁合规评价体系的结果呈现形式以及呈现内容对于评价体系的可持续发展具有重要意义。企业廉洁合规评价体系将采用"分级分类、共通可比"的原则对数据进行分析。具体的操作方法如图7-9所示，本评价体系在数据分析时将涉及的一级指标、二级指标进行分类评价。与此同时，也将对总的评分进行综合排名。结合指数研发期间征求代表性企业以及国家相关行业主管部门对评价指数提出的意见与建议，在充分调研国内外相关评价指数的通用做法的情况下，为了兼顾"区分度"的同时最大程度上激发企业长期参评的积极性，本评价体系采用等级与分类相结合的方式。评比结果的发布将按照"赤橙黄绿青蓝紫"的顺序摘取5个颜色和等级对企业的排名结果进行区分，即紫色为本年度企业排名的前10%，蓝色为本年度企业排名的前11%~30%，绿色为前31%~70%，橙色为前71%~90%，红色则为剩下的企业，其中红色作为预警与提醒的信号（见表7-6）。同时，也针对不同颜色做了相应的国际类型标注，即"5A""4A""3A""2A""A"，在此基础上通过类型的描述进行区分，分别为引领型、优质型、特色型、发展型、追赶型。

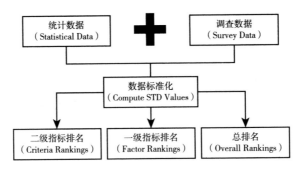

图7-9　数据采集及分析方法

表 7-6　企业廉洁合规评价指数等级及分型

排名区间	等级	企业分型
前 0%~10%	紫色	引领型
前 11%~30%	蓝色	优质型
前 31%~70%	绿色	特色型
前 71%~90%	橙色	发展型
前 91%~100%	红色	追赶型

以此为标准对涉及企业廉洁合规建设的评价内容进行赋分、取值并最终进行比较。对采集过程中的评分方法以及权重进行如下设计。

在采集点评分的问题上，对于包含"是""否"内容的指标，直接获取得分并按照计算方法乘以权重后获得该项采集点的最终得分并计入总分。对于包含专家打分的采集点打分，按照本指标体系提供的打分点获得专家评分结果后按照计算方法乘以权重后获得该项采集点的最终得分并计入总分。对于包含连续变量的采集点打分，在对连续变量进行标准化操作后获得本指标的采集数据，并按照计算方法乘以权重后获得该项采集点的最终得分。

在指标权重的问题上，根据层次分析法，结合专家组对于企业廉洁合规评价体系重要性、必要性以及指标的区分度对本指标体系涉及的采集点权重进行区分。

采用分级分类的评比原则主要是由二级指标下的三级指标具体的数据值体现。因此，二级指标即可理解为概括性指标，反映了企业在该领域内的综合表现，分级分类的评比有助于企业发现问题进而实施相应的机制调整。此外，从现有的评价体系和指标案例来看，单独的总排名指标在科学性、有效性和实践指导性上都将受到来自学界、业界的质疑。

基于此，为了规避相应风险，也为了产生更为广泛的实践指导意义，本评价指标体系将采用该种方式进行未来的数据分析及评比。

综上所述，本书的数据将采用主客观结合的方法进行采集，在指标的权重选取上采用德尔菲法和层次分析法进行赋分，最后将对所获得的分数进行标准化，然后给出评价的最终结果。

评价对象主要是具有单独财务信息披露的主体公司。对于二级分公司等不具备单独信息披露内容渠道和机制的公司，本评价指标体系不涉及该类企业的评价。以 A 集团为例，A 集团公司具有多家上市控股公司，其中板块分别在不同交易所进行上市，本评价指标体系以集团资产占比最大的一家上市企业的信息披露内容作为 A 集团廉洁合规评价数据采集的主要来源。

| 8 |

评估数据采集与实证分析

本书在前期对指标测试、调整以及修正后，最终结合数据的可及性、主体的稳定性、指标的可比性初步将评价指标体系以及采集点进行相对固定，未来在连续评估的过程中也将保持二级指标的稳定，在三级指标的采集点上会随着研究的推进进行逐步的微调。本章结合历次测评的结果开展样本选择的说明、评测结果的概述以及评测结果的分析，通过这些定量的分析最终开展定性的机制阐述与探索，分析当前企业廉洁合规建设存在的困境。

8.1　企业廉洁合规评价样本选择说明

本评价指标体系在综合各类企业榜单的基础上，结合企业资料可获得性原则，最终选定了一定数量的企业进行测评。本评价指标体系的选择有别于传统的企业财富排行榜，在企业的选择上主要围绕企业跨国业务的开展情况、企业经营的体量、企业所在的行业以及地域等因素综合考量并最终确定此次的榜单。由于跨国企业多来自发达国家，因此被测企业总部所在地包括美国、英国、澳大利亚等十余个发达国家，同时也包含了印度、巴西、俄罗斯等金砖国家。在这个过程中，不仅考虑了企业的规模和市场表现，还着重考虑了一系列维度，以确保名单的多样性、代表性和科学性。在对这些名单的综合分析中，着眼于以下几个重要因素来确定最终的研究对象。

首先，评估是进行科学管理和决策的基础，而评估目标日趋复杂，用单一的指标来评估某个项目往往不够科学，需要从多个维度来考虑。因此，本评价指标体系采用了多指标综合评估法，将多项指标的信息结合在一起，形成一个综合指数，从而对评估对象进行全面的评价，并在横向和纵向上进行对比。在名单的选取过程中，也借鉴了这一思想，从多个维度来考量企业的特点和表现。

其次，地区典型性与地域代表性是该评价指标体系考虑的重要因素之一。我们要确保选取的企业不仅在所在地区或国家具有良好的市场表现，还需要在一定程度上能够代表其母国的跨国企业总体表现。这有助于保持名单的地域多样性，使研究结果更具有普适性和代表性。

此外，还充分考虑了行业贡献度与行业多元性。本评价指标体系选取的企业不仅要在各自所属的行业中具有领先地位，还要在不同行业类型中保持一定的均衡，以确保名单的行业覆盖范围广泛，能够涵盖不同类型的企业。

总的来说，本轮名单的构建经过了严格的筛选和综合分析，不仅考虑了企业的市场表现和影响力，还充分关注了地区典型性、行业贡献度以及行业多元性等多个因素。这将为后续的研究提供一个多样性、代表性和科学性的样本集，为深入分析和探究跨国企业的特点、趋势和发展提供了有力的支持。这些企业中既有来自世界五百强的大型企业，也有参与跨国经营的中国地方企业。其中也包括地方性投资集团、地方性国有企业以及包括互联网企业在内的多家民营企业。至此，从企业来源上说，本指标体系在数据可得性以及可比性原则的基础上构建了一套全新的企业榜单。相比于传统的市

值评比榜单，本榜单涉及的企业更贴合本研究的切入点，即结合跨
国企业的特点开展企业廉洁合规管理工作水平的测量以及评比工作。
行业的企业廉洁合规评估情况如图 8-1 所示。

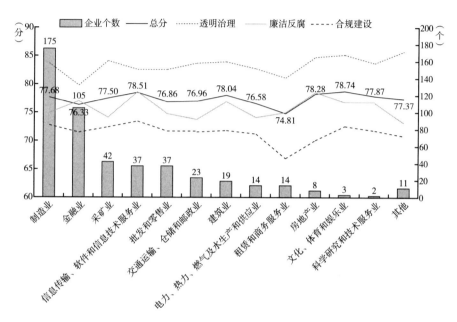

图 8-1　行业的企业廉洁合规评估情况

8.2　企业廉洁合规评测结果概述

在前期测评中能够看到中国企业在廉洁合规管理工作层面整体
表现尚可。通过对企业排名的综合分析，能够看到我国部分企业的
廉洁合规水平已经能够在评价体系中处于前列。然而，也需要清醒
地认识到，我国企业的廉洁合规管理仍然存在一些薄弱之处，尤其
是地方性企业在廉洁合规管理方面仍然相对滞后。当然这需要充分
考虑到选取的外国企业的样本的差异。通过企业廉洁合规水平的测
量，围绕评比结果初步有了如下的基本概念与启示。

8.2.1 体量、发展年限与跨国业务对廉洁合规的影响

测评结果显示，企业的体量、发展年限以及跨国业务数量与廉洁合规水平之间存在正相关关系。特别是大型跨国企业，尤其是那些已经在多地开展经营活动的域外跨国企业，由于受到各国监管机构的长期监管，已逐步形成独具特色的廉洁合规管理模式。从中我们可以吸取经验，通过深度案例分析，提炼对我国企业开展跨国经营有利的制度与管理操作流程等相关经验。

8.2.2 行业领域差异对廉洁合规的影响

测评结果还显示，不同行业领域的企业在廉洁合规管理水平上存在一定差异。金融行业，特别是大型跨国金融机构，表现出较好的廉洁合规管理水平。这与廉洁合规管理源自金融行业有一定的相关性。金融行业的廉洁合规管理主要包括以下几个方面：风险识别和评估、内部控制和审计、员工培训和教育、激励和惩戒机制、监督和沟通机制等。这些方面都有助于提高金融机构的透明度和信誉，防范和应对各种合规风险，维护金融市场的稳定和健康。这为其他行业的企业提供了借鉴，可以从金融行业的成功经验中汲取灵感，提升自身的廉洁合规管理水平。

8.2.3 理性看待测评结果及反映的问题

值得注意的是，测评结果受多种因素影响，因此对于测评结果需要以综合理性的视角来看待。在评价测评结果时，应全面考虑各种影响因素，做出准确的判断，不能仅仅根据测评结果来评价企业的廉洁合规水平，也不能忽视测评结果背后的原因和意义。

总之，测评结果提供了关于中国企业廉洁合规管理水平的重要洞察。通过分析测评结果所反映的情况，能够更好地了解企业在相

关方面的优势和不足，进一步推动我国企业在廉洁合规管理的发展。在学习借鉴廉洁合规管理领域成功案例的同时，也应关注在廉洁合规管理方面还有待提高的企业的问题和风险。只有"两轨并行"才能够促进我国企业的廉洁合规管理水平的整体提升，为我国的经济社会发展和国际形象的提升做出贡献。

8.3　企业廉洁合规评测结果分析

通过这次测评以及前期的测试结果我们不难发现，一个运作规范并且能够长期维持的企业廉洁合规模式对于企业的长远发展有着至关重要的作用。这种模式能够有效地防止和减少企业的内部和外部的廉洁合规风险，提高企业的管理效率和质量，增强企业的社会责任感和公信力，促进企业的创新能力和竞争力。这也体现了企业的战略眼光和远见卓识，显示了企业的主动性和积极性，彰显了企业的品牌形象和价值观。结合企业的评比结果以及在实地调研走访过程中的相关了解，企业在未来参与廉洁合规建设中需要围绕以下几个方面开展进一步的工作。

（1）在不违反商业机密制度的情况下，尽可能地做到公开透明，加强企业日常经营与治理的相关信息的披露工作。本评价指标体系主要是通过企业公开的数据，包括企业网站、企业的公司年报等公布的信息开展数据的收集和测评工作。从前期测试来看，部分企业在信息披露方面的工作成效显著，部分公司在集团业务板块介绍中将不同板块以及子公司的持股比例等信息都进行了公示，这不仅是对投资人以及利益相关者的有效披露，同时也体现企业社会责任与担当。但我国不少企业，包括部分国有企业在内，限于历史原因以及企业行业等特点，在信息披露、合规机构建设、合规制度建设等方面仍然做得不够。例如某些排名靠后的企业在企业官网上披露的信息极为有限，这也从侧面反映了这些企业对于企业透明度的重视程度仍有待提高。信息披露不仅是一种法律义务，也是一种商业机会，能够增加企业的透明度和可信度，吸引更多的合作伙伴和客户，提升企业的品牌价值和社会影响力。因此，这些企业应该加强信息披露的意识和能力，完善信息披露的制度和流程，提高信息披露的质量和效率，积极参与和响应测评的要求和反馈，努力提升自身的廉洁合规水平。

（2）强化企业对于廉洁合规工作的重视。在本评价指标体系中，企业廉洁合规制度的制定情况、企业廉洁合规培训都被作为重要的参考依据。所以，企业首先要从操作层面高度重视廉洁合规组织建设、制度完善，同时要在日常经营过程中提升相关主体的培训频率以及覆盖率，以评促建，在过程中引导企业对廉洁合规工作从操作层面重视起来，同时融入企业的日常经营行为当中，提高企业的廉洁合规意识和能力，使企业能够更好地识别和防范廉洁合规风险，更有效地处理和解决廉洁合规问题，更积极地履行和践行廉洁合规责任。当然，在这个过程中更需要及时将相关信息收集整理后及时向上级主管部门、投资者以及公众等相关利益方进行披露，从企业社会责任的角度更好地树立企业的形象，增加企业的廉洁合规透明度和信任度，展示企业的廉洁合规成果和贡献，提升企业的廉洁合规声誉和影响力。

（3）要分级分类理性看待评价结果。现有的评价结果是在企业的主体层面进行统一评估获得的。企业的经营特点、管理模式以及企业规模等内容在评比过程中作为控制因素容易被忽略。所以未来在看待企业评比结果时需要具有分级分类的视角。比如因本评价指标体系中涉及诉讼的案件数量，但是对于诉讼案件的内容以及诉讼案件涉及的主体以及更多细节从操作层面无法进行更加细化的评价。因此，在分级分类的评比过程中，需要充分考虑企业的经营特点以及行业特色。例如，民营企业在涉诉方面以及法律合规方面的问题较为突出且具有行业特征。这些问题可能与企业的产品质量、消费者权益、市场竞争、知识产权等方面有关，需要企业加强在这些方面的廉洁合规管理和防范措施。此外，如食品类企业以及与百姓日常生活相关的企业就比制造业这些流通环节少的企业面临的诉讼总量要多。这可能与企业的社会责任、公共安全、环境保护等方面有关，需要企业提高在这些方面的廉洁合规意识和水平。所以，在评价过程中，要理性看待评价结果，不应在评价结果的绝对值上进行相关分析，这样容易对差异化的企业造成不必要的影响。而应该根据企业的不同类型、规模、行业等特征，进行相对的、综合的、动态的评价，从而更准确地反映企业的廉洁合规状况和水平，更有效地指导企业的廉洁合规改进和提升。

总体而言，廉洁合规不仅是企业的法律责任，也是企业的社会责任，是提升企业形象和竞争力的重要手段。信息披露是廉洁合规的重要组成部分，能够增加企业的透明度和信任度，降低企业的风险和成本，提高企业的效率和效益。企业要高度重视廉洁合规的建设工作，在此基础上要及时地进行信息的披露工作，对日常生产过程中的相关环节加强管理，更要以一个理性的视角看待测评结果，要通过以评促建的方式开展企业的相关改进工作。

| **9** |

企业廉洁合规建设的对策与建议

对企业廉洁合规水平进行准确评价是企业廉洁合规建设的重要一环。如何理性、客观地看待评价的结果，在组织建设、制度完善以及效果评价的层面需要做进一步的完善。本章将围绕企业廉洁合规评价研究的政策启示、当前研究存在的局限以及未来研究的展望进行阐述，依据前文对企业廉洁合规管理工作现状、困境和问题的相关梳理，结合企业廉洁合规管理评价体系中测试的相关说明，提出提升和完善企业廉洁合规管理工作的对策与建议。本章将从优化企业外部廉洁合规管理机制与提升企业内部廉洁合规管理机制两个层面来进行分析与探讨。

9.1 优化企业外部廉洁合规管理机制

在我国，对于企业尤其是国有企业而言，在廉洁合规管理工作中将接受来自纪委监委、国资委、市场监督局以及相关行业主管部门的监督，因而主管部门在企业廉洁合规建设中大有可为。结合对各类企业的调研，通过梳理我国企业廉洁合规建设的现状、问题与困境，结合企业廉洁合规评价体系的测评结果分析，对新形势下如何优化企业外部廉洁合规管理机制提出如下建议。

9.1.1 加强党建引领，切实发挥企业党组织作用

要把党的领导融入公司治理的各个环节，这是建立中国特色现代企业制度的重要体现。习近平总书记在全国国有企业党的建设工作会议上指出，坚持党的领导、加强党的建设，是我国国有企业的光荣传统，是国有企业的"根"和"魂"，是我国国有企业的独特优势。① 在企业发展与改革过程中要始终把党的政治建设摆在首位，在廉洁合规管理工作机制创新的过程中突出政治统领的作用，在顶层设计时，坚持党对国有企业的领导，加强组织架构建设。

（1）把党的领导融入公司治理各环节。建立党建入章程与新建公司、混改公司同步推进机制，在我国国有企业中落实党建进章程，落实党组织在公司法人治理结构中的法定地位。党组织依照有关规定讨论和决定企业重大事项作为前置程序要纳入公司法人治理结构，通过党组织成员与董事会、监事会、管理层的"双向进入、交叉任职"，发挥党组织在国企法人治理体系中领导核心和政治核心作用，把方向、管大局、保落实。同时也可以参照地方政府在治理过程中利用党组织优势前置讨论的形式，发挥党组织的治理效能。既保证了董事会对重大问题的决策权，又保证了党组织在重大决策中作用发挥的体现。坚持党管干部、党管人才原则，发挥党委会在职业经理人选聘、考核、晋升等方面的决定性作用。

（2）将廉洁合规管理融入公司治理之中。国有企业要明确公司党委、党委书记、党委领导班子其他成员、纪委书记的责任。要增强企业管理层和监督机构的廉洁合规意识，在构建现代企业制度的过程中注重把廉洁合规管理融入公司的治理之中。我国企业现有的管理制度，对于公司的内控、风控都有较为明晰的管理条线，在国

---

① 《习近平谈治国理政》第2卷，外文出版社，2017，第176页。

有企业中也有了党组织尤其是纪检监察条线的设立，廉洁合规是需要在已有的条线以及管理基础上最大限度地协同相关力量，但是又不仅仅是这些力量的简单叠加。要充分了解廉洁合规的内涵外延，对企业的治理架构进行充分整合、对合规部分的边界和职责进行清晰的划分。

9.1.2　整合监督资源，健全监督体系

企业廉洁合规管理工作是一项内容丰富、涉及面广的系统工程，企业尤其是国有企业亟待完善监督力量之间的条块交叉、监督模式。当前，对于企业廉洁合规的管理条线多，涉及企业廉洁合规管理的部门多，考核条线以及内容都较为繁多，需要充分考虑和厘清纪委监委、国资委、市场监督以及行业主管部门、企业内部监督力量的融合与边界，从而构建大合规机制，提升企业廉洁合规建设质效。

目前，企业监督主体按隶属关系大体分为外部监督、内部监督和群众监督三大部分，监督资源整合可以依据隶属关系分别进行。

（1）整合外部监督资源。目前外部监督力量主要包括纪检监察、监事会、外部董事、外部审计以及包括上级党委的巡视巡察等。在机构改革后，纪检监察监督、监事会监督和外部审计监督都已成为常设监督主体（原有的外派监事会人员队伍目前承担着外派审计专员和审计员的工作），按各自的职能分工发挥着不同的监督作用。纪委监察和外部审计偏重于事后监督，监事会则承担着事前、事中、事后的全过程监管职能，外部监督整合可以采取纪委监委、监事会、审计专员办合署办公的形式，企业纪委书记、监察专员同时担任监事会主席和审计专员，采取企业纪委书记的外派管理模式，进入企业党委，把企业党委层面的纪检监察和法人治理结构层面的监事会监督结合起来，实现党委统一领导下的监督，设立综合监督办公室，统一承担纪委监察、监事会监督和外部审计相关工作，形成监督报告，依据内容分送

纪委监委、国资委（出资人）和审计局，相关部门依据各自职责进行监管。图 9-1 为优化企业公司治理与外部监督示意图。

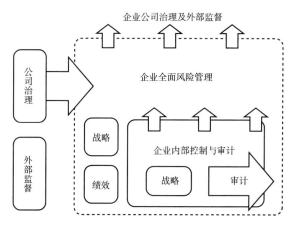

图 9-1　优化企业公司治理与外部监督示意图

（2）理顺内部监督和群众监督资源。国有企业作为全民所有制的企业要充分激发群众的主动性、创造性和工作积极性，主动接受企业干部职工和群众的监督。内部监督机构、内部审计机构除了要对企业党组织、董事会负责，还要定期向职工代表大会报告内部监督情况，接受群众监督。

9.1.3　以合规管理为抓手，构建大监督体系

在合规管理构建的制度基础上，要充分整合监督资源，探索建立基于监督体系的大监督格局，对已有的监督力量做到协同和优化。优化顶层监督设计，公司纪委深化派驻改革，在各级企业设置纪检组和专职纪检员，监督关口前移，强化国企内部巡察监督，向属下各企业外派专职监事，实现监督治理和实际业务有机融合，做好全要素全过程监督，构建"查、督、办"工作常态化和闭环管理机制，形成以党内监督为统领的全面覆盖、协同高效的大监督格局。

9.2　提升企业内部廉洁合规机制建设

合规管理应贯穿企业所有业务流程和工作环节，与全体员工息息相关。只有坚持把合规操作和管理当作每个部门、每位员工日常工作的重要职责，自觉养成按章办事、遵纪守法的良好习惯，才能有效控制风险，确保企业经营不偏离目标，实现经营价值的最大化。

合规管理工作遵循"三道防线"的基本要求，负责管理相应合规风险的集团公司总部部门及直管企业、所属企业各部门是合规管理的第一道防线，合规管理负责人、法律部门是第二道防线，审计部门是第三道防线。企业应当在董事会的领导下，建立由合规管理委员会、合规负责人和合规管理部门组成的合规管理组织，指导业务部门开展本领域的日常合规管理工作，与审计、监察等部门形成监督合力，并协调与监管机构、合作伙伴的关系。坚持"风险导向"和"深入业务"两项重要原则，建立"两层次"（一是建立完整的合规管理体系架构，二是深入业务重点领域细化合规管理风险管控要求）合规管理体系，有效提升企业的风险控制能力，保障企业持续稳健经营。

针对评价过程中对于不同类型企业诊断情况，结合实践以及案例中部分优秀企业的合规管理架构，良好的合规机制应该包含以下几个方面。

9.2.1　构建有效的合规管理治理架构

有效的合规管理治理架构是合规管理体系成功的关键性要素。合规并不仅仅是合规专职人员的职责，更是企业管理干部及全体员工的责任。这就要求企业内部建立相应的合规组织，调动各方面的资源参与到合规工作中来，比如建立合规委员会、合规管理部等。

在此基础上，要充分协调企业内外部的监督力量，实现多方监督的融合增效。

开展合规管理工作需要从公司高层的承诺出发。董事会需要对公司的合规工作负主体责任。明确合规管理的三道防线：各业务部门对其职责范围内的合规管理负有直接和首要责任，履行合规管理的第一道防线职责；合规管理部门向公司各业务部门的活动提供合规支持，组织、协调、监督各部门开展合规管理各项工作，履行合规管理的第二道防线职责；此后，内部审计部门履行合规管理的第三道防线职责，定期对公司的合规管理情况进行独立审计。企业也要结合自身业务需求、经营实际并根据相关监管要求，结合企业组织架构和实际情况，建立有效的合规管理治理架构和管理模式。

9.2.2　建立完善的合规管理制度

（1）制定完善的"1+1+N"合规管理制度体系。从治理层面搭建"1"个合规管理的顶层政策体系；从管理层面编制"1"个合规管理制度，建立合规管理的长效机制；从操作层面以"N"个具体业务领域的合规管理手册和专项管控办法为基础，支撑合规管理工作落到实处。

（2）细化"N"个业务领域的重点合规风险管控要求，确保合规工作深入各项业务。深度融入业务管理体系、持续完善具体领域合规管理工作是合规管理发挥价值的出发点，也是合规管理体系的难点。有效的合规管理体系，除了构建完整的管理体系，更重要的是深入业务，对重点合规风险进行有效管控，保障业务的开展合法合规，否则容易产生"合规"与"业务""两张皮"的现象。不同行业由于在市场结构、监管机制、服务对象等方面存在较大差异，重点关注的合规风险也呈现出较大的差异。例如，国有企业的行业分布较为广泛，在国民经济发展中具有较强的控制力。其中，在金融、房地产、汽车、医药、电子信息等行业领域，监管企业的资产规模较大，影响力较为显著，也是合规事件高发的行业领域。因此，我国需要重点聚焦提升上述行业具体领域合规风险管控力度，多措并举保障监管企业持续稳定运营。

（3）通过分析各个部门和岗位的差异性和实际情况，制作《合规义务清单》、《岗位手册》和操作程序，明确员工在制度框架下的责任，使合规工作具体化、清单化，使每一名员工在合规管理的体系下，从内心树立合规责任意识，促进各业务领域主动成长，主动合规，不断合规。

9.2.3 明确合规风险管控流程机制

有效的体制机制是企业运营各要素之间的结构关系和运行方式。在合规管理过程中也需要充分考虑体制机制的运行情况。高效的运作模式通过制度系统的内部组成要素，按照一定方式的相互作用，实现其特定的功能。建立高效运行的合规风险管控流程机制，主要包括以下五个步骤。

（1）合规责任识别。即识别企业在经营过程中需要遵守的合规责任与义务，既包含外部相关方赋予企业的责任与义务，如法律、法规、国际公约、行业标准和惯例等，也包含企业主动承担的责任与义务，如企业制度、廉政责任、企业惯例、道德规范等。

（2）合规风险的有效识别。通过合规检查、审计等方式，对合规工作的现状进行诊断，追查业务执行中存在的合规问题；通过合规风险的有效识别进行评价，对现行制度、流程的设计和执行进行测试，分析、发现合规风险并判断风险等级；通过个案追查对违法、违规案件进行深入调查，追溯问题产生的根源。

（3）合规风险应对。基于合规风险评价的结果，制定有效的风险应对策略，制定风险应对行动计划和方案；针对重大合规问题，开展重大风险应急程序和专项治理等。

（4）建立合规报告机制。通过建立保障管理层、监督层、执行层分级报告的互动机制，促进合规信息的沟通与共享。

（5）合规风险监控。通过建立合规风险监控机制进行持续性动态监控检查，保障风险应对措施的有效执行。

9.2.4 加强合规监控与反馈

良好的合规管理体系重在实现有效的监控与反馈。在确保良好的合规管理体系中，有效的监控与反馈机制至关重要。在加强合规监控方面，有几个关键举措。

首先，需要畅通并完善合规监督工作的渠道和管理机制。建立开放的沟通渠道，使员工能够匿名或非匿名地举报违规行为。同时，构建透明的管理机制，确保举报信息得到妥善处理，防止打压和报复。其次，要规范线索管理和调查反馈流程。确保接收到的线索得到及时有效的处理，通过科学、规范的调查程序核实违规行为，并对调查结果进行适当的反馈，以此提高员工的参与感和信任度，进一步促进合规文化的落实。最后，加强合规监控的闭环管理。定期评价和调查合规监控的实际完成情况，形成有效的合规闭环管理机制。这将不断改进合规管理策略和方法，确保合规监控的连续性和效果。

在加强合规考核方面，应采取以下措施。一方面，将合规管理作为下级企业考核的重要因素。将合规管理的落实情况纳入企业绩效考核指标体系中，确保各级企业在合规方面的表现得到适当的考量。另一方面，在对各级人员的考核中，鼓励将合规管理工作的有效性纳入绩效考核体系，以确保高级管理人员、职能部门和员工在合规方面的责任得到认真履行。

在加强合规追责方面，要强化合规检查并加强对违规行为的责任追究。各业务部门作为合规管理的第一道防线，对违规行为应负直接责任。法律合规部门应负责事前和事中管理，确保制度的制定和执行。纪检监察部门应负责违规行为的追责工作，确保违规行为得到严肃问责。

总之，随着国内法治水平的提升和我国企业面临的国际竞争不断激烈，构建强有力的企业廉洁合规评价指标体系显得尤为重要，这不仅有助于提升企业治理能力，还能够在国际竞争中塑造优良的企业形象，进而提升我国企业的国际竞争力。在这一过程中，合规监控、考核和追责机制将发挥关键作用，确保企业合规经营和依法治企的持续推进。

9.3 企业廉洁合规建设研究的局限与展望

企业廉洁合规评价指标体系将为参与各级各类企业开展廉洁合规建设提供新的工具，引导企业完善治理结构，防控合规风险，增强国际竞争力。本评价指标体系的建立与推广将为参与"一带一路"建设的企业提供廉洁合规建设的范式，凝聚营造廉洁营商环境的共识，推动廉洁丝绸之路实现高质量发展。随着我国对合规，尤其是廉洁合规的监管逐渐从软性规范过渡到刚性法律制度，企业廉洁合规建设、评估以及相关研究面临更高的要求。当前，我国企业廉洁合规面临着由定性向定量、由宏观向微观的转变，这在学术和实务层面都呼唤着更深入的探索。

9.3.1 标准化和可比性的挑战

在评价企业廉洁合规时，确保评价的标准化和可比性是一个紧迫的课题。企业的评价对象涉及诸多领域，涵盖了不同规模、行业和地区的企业。这种多样性导致了评价指标的差异性，进而影响了评价结果的可比性。因此，如何在不同类型企业间建立一套通用的、适用性强的评价标准，是当前亟须解决的难题。

此外，评价指标的时效性也对标准化和可比性造成影响。企业在日常经营中面临多变的外部环境，可能随着市场需求、法律法规等变化而调整其经营策略和行为。评价材料的时效性对于准确地反映企业实际合规状况至关重要，然而，时效性也可能影响评价结果的稳定性。因此，需要在评价标准中兼顾灵活性和稳定性，以适应企业合规动态变化的需求。

9.3.2 深化解读与政策转化

对于企业廉洁合规评价结果的深化解读以及如何将这些结果转化为实际政策，也是一个关键问题。评价结果虽是对企业合规情况的一种衡量，但在实践中如何运用这些结果以推动企业的廉洁合规建设，仍需要更深入的研究。

在这方面，需要建立更为精细化的激励机制，鼓励企业在合规方面取得持续的改进。这不仅包括正向激励，如奖励和荣誉，还需要考虑如何构建有效的惩戒机制，以约束企业在合规问题上的行为。同时，政策制定者和管理者需要更深入地理解评价体系的内涵，将评价结果与实际监管、奖惩等环节相结合，形成有力的合规推动机制。

9.3.3 融合公共治理学科范式

将企业廉洁合规评价研究融入公共治理学科范式，是一项具有深远意义的工作。尽管企业廉洁合规看似属于实际操作层面，其背后涉及众多学科和领域的交叉。将评价体系与公共治理理论相结合，有助于更深入地理解企业合规对社会治理的重要作用。

在这一融合中，需要思考如何将企业合规的量化指标与公共治理的理论框架相融合。如何将企业合规评价体系与治理理论、组织行为学等学科关联起来，以更好地解释企业合规在治理中的角色，是一个值得深入研究的问题。

综上所述，我国企业廉洁合规建设和评价的学术性挑战在于实现标准化与可比性、深化评价结果的分析和加强政策转化，以及将评价研究与公共管理学科融合。这些问题不仅影响企业合规建设的实践，也为学术界提供了广阔的研究领域，需要跨学科的合作和深入思考，以促进我国企业廉洁合规建设水平的不断提升。

参考文献

［1］ 罗伯特·A.G.、蒙克斯、尼尔·米诺:《公司治理》,李维安等译,中国人民大学出版社,2017。

［2］ 李本灿编译《合规与刑法:全球事业的考察》,中国政法大学出版社,2018。

［3］ 陈瑞华:《企业合规基本理论》(第三版),法律出版社,2022。

［4］ 柏维春、李红权:《国有企业腐败的发生机理与治理对策》,《河南社会科学》2013年第5期。

［5］ 卞洪明:《央企合规管理体系构筑路径探讨》,《现代国企研究》2018年第14期。

［6］ 程雪军、尹振涛:《监管科技的发展挑战与中国选择:基于金融科技监管视角》,《经济体制改革》2022年第1期。

［7］ 邓峰:《公司合规的源流及中国的制度局限》,《比较法研究》2020年第1期。

［8］ 东艳:《美国"长臂管辖"政策背后的政治生态》,《人民论坛》2021年第35期。

［9］ 过勇:《经济转轨滋生腐败机会的微观机制研究——从594个腐败要案中得出的结论》,《经济社会体制比较》2006年第5期。

［10］ 过勇:《十八大之后的腐败形势:三个维度的评价》,《政治学

研究》2017 年第 3 期。

[11] 过勇、宋伟：《清廉指数的腐败测评方法与局限性》，《经济社会体制比较》2013 年第 5 期。

[12] 过勇、宋伟：《中国地方纪检监察机关改革模式分析》，《政治学研究》2014 年第 5 期。

[13] 胡志意：《加强中央企业境外廉洁风险防控研究》，《企业文明》2021 年第 5 期。

[14] 贾宇：《民营企业内部腐败犯罪治理的体系性建构——以〈刑法修正案（十一）〉的相关修改为契机》，《法学》2021 年第 5 期。

[15] 姜涛：《让"一带一路"成为廉洁之路——中国企业参与"一带一路"建设的腐败风险防控》，《中国高校社会科学》2018 年第 3 期。

[16] 康蓓琳：《央企合规管理体系建立的路径探寻》，《法制与社会》2017 年第 2 期。

[17] 李本灿：《企业合规程序激励的中国模式》，《法律科学（西北政法大学学报）》2022 年第 4 期。

[18] 李春发、卢娜娜、李冬冬等：《企业绿色创新：政府规制、信息披露及投资策略演化》，《科学学研究》2021 年第 1 期。

[19] 李东方：《国有企业境外工程项目廉洁监管与风险防控之策》，《领导科学》2018 年第 34 期。

[20] 李晓明：《合规概念的泛化及新范畴的确立：组织合规》，《法治研究》2022 年第 2 期。

[21] 李玉华：《以合规为核心的企业认罪认罚从宽制度》，《浙江工商大学学报》2021 年第 1 期。

[22] 刘译矾：《论企业合规检察建议激励机制的强化》，《江淮论坛》2021 年第 6 期。

[23] 罗敏、李启明:《中国建筑企业海外经营合规管理研究》,《中国工程科学》2021年第4期。

[24] 毛新述、孟杰:《内部控制与诉讼风险》,《管理世界》2013年第11期。

[25] 毛志宏、魏延鹏:《党组织嵌入对信息透明度的影响研究——来自国有企业的经验证据》,《软科学》2020年第8期。

[26] 沈洪涛、杨熠、吴奕彬:《合规性、公司治理与社会责任信息披露》,《中国会计评论》2010年第3期。

[27] 孙国祥:《企业合规改革实践的观察与思考》,《中国刑事法杂志》2021年第5期。

[28] 谭世贵、陆怡坤:《优化营商环境视角下的企业合规问题研究》,《华南师范大学学报》(社会科学版)2022年第4期。

[29] 万方:《合规计划作为预防性法律规则的规制逻辑与实践进路》,《政法论坛》2021年第6期。

[30] 汪秋明、韩庆潇、杨晨:《战略性新兴产业中的政府补贴与企业行为——基于政府规制下的动态博弈分析视角》,《财经研究》2014年第7期。

[31] 王俊豪:《中国特色政府监管理论体系:需求分析、构建导向与整体框架》,《管理世界》2021年第2期。

[32] 王伟:《企业合规管理的理念与路径思考》,《中国市场监管报》2021年7月24日。

[33] 王文华、魏祎远:《互联网平台企业反腐败、反洗钱合规机制构建初探——以G20为视角》,《中国应用法学》2022年第1期。

[34] 肖永平:《"长臂管辖权"的法理分析与对策研究》,《中国法学》2019年第6期。

[35] 燕继荣:《中国腐败治理的制度选择》,《哈尔滨工业大学学

报》（社会科学版）2013年第3期。

［36］ 杨力：《寻找商业目标与公司合规之间的最大公约数》，《政法论丛》2020年第2期。

［37］ 杨宇冠：《企业合规与刑事诉讼法修改》，《中国刑事法杂志》2021年第6期。

［38］ 张鲜华、孔龙：《基于合规性的企业社会责任信息披露策略分析》，《中国海洋大学学报》（社会科学版）2014年第4期。

［39］ 张旭、田园：《算法治理视阈下的企业合规：困境、逻辑与进路》，《兰州大学学报》（社会科学版）2022年第2期。

［40］ 张泽涛：《论企业合规中的行政监管》，《法律科学》（西北政法大学学报）2022年第3期。

［41］ 赵娜：《论党内法规体系的多维复合型结构》，《理论探索》2022年第4期。

［42］ 郑方辉、廖逸儿：《财政专项资金绩效评价的基本问题》，《中国行政管理》2015年第6期。

［43］ 郑雅方：《论政府介入企业合规管理的风险及其防范》，《法商研究》2021年第3期。

［44］ 周泽将、雷玲等：《高管廉洁抑制了大股东掏空吗？——来自中国国有上市公司的经验证据》，《管理评论》2022年第4期。

［45］ 周振杰：《合规计划有效性评估的核心问题》，《国家检察官学院学报》2022年第1期。

［46］ Aguilera, R. V. and A. Cuervo-Cazurra（2009）. "Codes of Good Governance." Corporate Governance：An International Review 17（3）：376-387.

［47］ Aktas, N. and E. Croci, et al.（2016）. "Corporate Governance and Takeover Outcomes." Corporate Governance：An International Review 24（3）：242-252.

［48］ Bhasin, M. (2008). "Corporate Governance Ratings: A Powerful Tool of Corporate Accountability. " Indian Journal of Corporate Governance 1 (1): 24-45.

［49］ Cuervo, A. (2002). "Corporate Governance Mechanisms: A Plea for Less Code of Good Governance and more Market Control. " Corporate Governance: An International Review 10 (2): 84-93.

［50］ Ertugrul, M. and S. Hegde (2009). "Corporate Governance Ratings and Firm Performance. " Financial Management 38 (1): 139-160.

［51］ Giambona, E. and J. R. Graham, et al. (2018). "The Theory and Practice of Corporate Risk Management: Evidence from the Field. " Financial Management 47 (4): 783-832.

［52］ Guido, P. and G. S. Andreas (2006). "Corporate Legitimacy as Deliberation: A Communicative Framework. " Journal of Business Ethics 66 (1).

［53］ Haugh, T. (2017). "Nudging Corporate Compliance. " American Business Law Journal 54 (4): 683-741.

［54］ Hussainey, K. and B. Al-Najjar (2012). " Understanding the Determinants of Risk Metrics/ISS Ratings of the Quality of UK Companies' Corporate Governance Practice. " Canadian Journal of Administrative Sciences/Revue Canadienne des Sciences de l'Administration 29 (4): 366-377.

［55］ Nerantzidis, M. (2018). "The Role of Weighting in Corporate Governance Ratings. " Journal of Management and Governance 22 (3): 589-628.

［56］ Premuroso, R. F. and S. Bhattacharya (2007). " Is There A Relationship between Firm Performance, Corporate Governance, and A Firm's Decision to Form a Technology Committee?" Corporate Governance: An International Review 15 (6): 1260–1276.

[57] Roberts, J. and P. Sanderson, et al. (2020). "The UK Corporate Governance Code Principle of 'Comply or Explain': Understanding Code Compliance as 'Subjection'. " Abacus—A Journal of Accounting Finance and Business Studies 56 (4): 602–626.

图书在版编目（CIP）数据

企业廉洁合规建设研究／过勇，刘懿著. -- 北京：
社会科学文献出版社，2024.12
ISBN 978-7-5228-3079-7

Ⅰ.①企… Ⅱ.①过… ②刘… Ⅲ.①企业管理-反
腐倡廉-研究-中国 Ⅳ.①D630.9②F279.23

中国国家版本馆 CIP 数据核字（2024）第 019319 号

企业廉洁合规建设研究

著　　者／过　勇　刘　懿

出 版 人／冀祥德
组稿编辑／任文武
责任编辑／王玉霞
责任印制／王京美

出　　版／社会科学文献出版社
　　　　　　地址：北京市北三环中路甲 29 号院华龙大厦　邮编：100029
　　　　　　网址：www.ssap.com.cn
发　　行／社会科学文献出版社（010）59367028
印　　装／三河市东方印刷有限公司

规　　格／开 本：787mm×1092mm　1/16
　　　　　　印 张：12.25　字 数：160 千字
版　　次／2024 年 12 月第 1 版　2024 年 12 月第 1 次印刷
书　　号／ISBN 978-7-5228-3079-7
定　　价／78.00 元

读者服务电话：4008918866

▲ 版权所有 翻印必究